PHILOSOPHY

人民日报学术文库

消失的安全

胡晔 ｜著

人民日报出版社

北京

图书在版编目（CIP）数据

消失的安全／胡晔著.—北京：人民日报出版社，
2022.10

ISBN 978-7-5115-7506-7

Ⅰ.①消… Ⅱ.①胡… Ⅲ.①国家安全—研究—美国
Ⅳ.①D771.235

中国版本图书馆 CIP 数据核字（2022）第 179206 号

书　　　名：消失的安全
　　　　　　XIAOSHI DE ANQUAN
著　　　者：胡　晔

出 版 人：刘华新
责任编辑：王慧蓉
封面设计：中联华文

出版发行：人民日报出版社
社　　址：北京金台西路 2 号
邮政编码：100733
发行热线：（010）65369527　65369846　65369509　65369512
邮购热线：（010）65369530　65363527
编辑热线：（010）65369844
网　　址：www.peopledailypress.com
经　　销：新华书店
印　　刷：三河市华东印刷有限公司
法律顾问：北京科宇律师事务所　　　（010）83622312

开　　本：710mm×1000mm　1/16
字　　数：185 千字
印　　张：15.5
版次印次：2023 年 1 月第 1 版　　2023 年 1 月第 1 次印刷

书　　号：ISBN 978-7-5115-7506-7
定　　价：95.00 元

序　言

本书论述了从 1939 年 10 月布格里斯铀委员会成立到 1952 年杜鲁门政府结束这段时期内美国核安全体系的建构过程。

1939 年 10 月到 1945 年 8 月，是美国核安全体系的奠基时期。美国决定制造核武器，其根本出发点是对国家安全的考虑，即抢在德国之前制造出核武器，希望核武器能帮助美国迅速取得战争胜利。在"曼哈顿工程"中，美国建立了核材料与技术管理、监督以及咨询机制，同时实行严格的安保制度，防止核秘密泄露。不过工程并未对核废料、核辐射问题进行有效的处理，造成不可逆转的环境问题。与此同时，美国还与英国结成原子同盟，在世界范围内攫取核材料，为维护自己的核垄断地位而大肆窃取他国相关情报，抑制其他国家发展核技术、储备核材料等。

第二次世界大战结束后，美国开始着手从核安全法律保障机制、核安全监督管理机制、核安全决策指挥机制、核民防机制四个方面进行国家核安全体系的建设。美国通过《1946 年原子能法》初步建立了核安全法律保障机制，在此基础上建立了以原子能委员会为中心的核安全监督管理机制、以总统——国家安全委员会原子能特别委员会为核心的核安全决策指挥机制等。苏联打破美国核垄断地位后，为有效防御本土安全，美国又通过《联邦民防法》，建立了联邦民防局，开展群众民防训练，创立了核民防机制。

美国也积极主导建立国际核安全体系。在这一时期，美国核政策经历了重大转变，最突出地表现为从维持核垄断地位转向维护核霸权。为了维持核垄断地位，美国首先提出"巴鲁克计划"，然而，当苏联原子弹研制成功后，美国奉行的核垄断政策破产。美国在建立国际核安全体系的过程中，与其他国家围绕核技术与核材料展开一系列博弈。美国所采取的应对措施既有核垄断、核封锁以及核限制等，也有核合作、有限或者部分核合作等。美国与其他国家围绕核技术、核材料的斗争与合作，客观上推动了国际核安全体系建构。

美国的核军事战略、核军备亦在这一阶段有所发展。战后，美国军方为了对付苏联的威胁，制订了一系列核打击计划，但这些核打击计划是否能够在各种冷战危机中付诸实施，让军方与政府矛盾频发，双方陷入一连串政治与安全争论。美国核军备发展一度停滞不前，但在苏联打破美国核垄断后，尤其是在朝鲜战争爆发后，美国开始大力发展氢弹、中子弹等核聚变技术，同时大规模加速核军备发展，包括远程导弹研制与装备，以便与核战略相匹配。

美国核安全体系建构受到国内的经济、官僚斗争、国家安全体系建构、冷战环境的影响。美国的核安全体系建构分为国内、国际两条路径。从建设进程看，美国重视国际核安全体系建设，轻视国内核安全体系建设；从建设成果看，美国国内核安全体系的建设成效优于国际核安全体系建设成效。美国国内核安全体系建设一方面以牺牲人民生命和环境为代价，可为其他国家提供警戒；另一方面却最终建立了相对完善的核安全机制，其组织、机构、法律以及管理机制等均在一定程度上保证了美国能够相对安全地利用核能、较少出现核事故。美国主导的国际核安全体系建设乏善可陈，既无法避免在欧美同盟之间产生罅隙，亦无法在国际社会有效阻止核扩散，最终亦未能赢得相对于苏联的核竞争优势，甚至导致国际社会始终面临核竞争与核对抗等威胁。

目 录
CONTENTS

绪　论

一、研究目的和意义

核能是人类历史上一项伟大的发现。从铀元素的发现，到原子理论的提出，直到1942年科学家费米在美国成功启动世界上第一座核反应堆并实现链式反应，人类开始了利用核能的新纪元。由于核能产生于第二次世界大战特殊的历史背景下，它首先在军事领域得以应用。美国率先制成了核武器，并将其在战争中使用。很多学者认为，正是这种"神秘武器"给日本造成巨大伤亡，加速了日本投降。第二次世界大战结束后，世界又进入以美苏两极对抗为特征的冷战时代。从某种程度上说，是核武器促进了第二次世界大战的结束，推动了冷战的发生。面对广岛和长崎的巨大伤亡，人们开始了更深入的思考：今后还要不要使用核武器？人们应该如何避免使用核武器？而在冷战期间，核大国之间直接的军事冲突极少发生。可以说冷战之所以"冷"，就是因为热核武器之"热"。① 那么，核武器对现代军事、国际关系究竟产生了怎样的影

---

① 刘磊：《美国知识分子与美国核战略思想的演变1945—1960》，华东师范大学博士毕业论文，2012年版。

响？这些都是值得我们不断探讨的问题。

随着核能的和平利用，因其清洁、高效的优势，为各国人民带来了巨大的福祉，然而风险如影随形。1957年10月10日，位于坎伯兰郡附近的英国核反应堆石墨堆芯起火，导致了大量放射性污染物外泄，这是三里岛核事故发生前最严重的一次核灾难。① 此后美国的三里岛核事故、乌克兰的切尔诺贝利核事故以及2011年的福岛核事故成了世界核能发展道路上驱不散的乌云。这些核事故不仅引发了公众的反核活动，还导致了一些国家弃核的战略转型。由此可见，确保核安全已是人类利用核能的先决条件。②

由于核武器与核能的安全利用已经成为人类生存和发展面临的重要问题，对核安全的研究就显得尤为重要且迫切。美国是世界上最早制造并使用核武器的国家，也是第一个提出"和平利用原子能"，并且进行民用核能开发的国家。从1939年"布格里斯铀委员会"成立，美国就逐步建立了相对完备的国内核安全体系。伴随冷战的开始，美国汲汲致力于维护自身核霸权的国际核安全体系。1939—1952年，不仅是美国在国内建立核安全立法、核安全监管、核安全决策机制的起点，也是美国在国际构筑核安全管控机制的肇始，因此这一时期对美国此后核安全体系发展的重要性不言而喻。

对美国核安全体系起源的研究具有重要的学术意义。首先，能帮助我们加深对核武器与冷战关系的认识。美国学者沃尔特·拉夫伯（Walter Lafeber）指出，自轰炸广岛以来，外交上的每一次交锋都笼罩

---

① 滕海莲：《核安全的国际法制度研究》，东北大学硕士毕业论文，2013年版。
② 吴宜灿等：《核安全导论》，中国科学技术大学出版社，2017年版。

着原子能的魔影。① 投掷在日本广岛和长崎的原子弹给世人以巨大震
慑，使本来就脆弱的战时美苏同盟走向紧张，直至对抗，这一定程度上
加速了冷战的开启。在冷战中，核军备竞赛成了冷战的重要内容，双方
都将核武器作为重要的战略手段和制约对方的政治工具，因此，美苏双
方陷入一种"恐怖的核平衡"状态，竞相疯狂扩充自身的核武库。同
样，核武器的毁灭性和破坏性又让双方意识到，避免核战争是非常重要
的，这也是冷战维持"长和平"状态的原因之一。双方在增加核武库
的同时，也积极寻求限制武器谈判，并且致力于和平利用原子能，这些
做法反过来又加速了冷战的终结。其次，能帮助我们认识美国核安全体
系的发展特点。事物的起源往往特别重要且意义深远，它们在很大程度
上规定事态未来演进的基本方向和主要特征。美国在核能发展早期就建
立了相对完备的国内核安全法律机制、核安全监管机制和核安全决策机
制，这为其他国家建立核安全管理机制提供了蓝本和借鉴。美国也为维
系自己的核霸权构筑起有利于自己的国际核安全机制，这让当今的国际
核安全机制有着浓厚的冷战色彩，在很多问题上无法有效地承担维护国
际核安全的责任。同时，美国的核安全体系亦是战后美国国家安全体系
的一个重要组成部分。杜鲁门政府在推出《国家安全法》的同时，不
仅建立起一整套国家安全机制，而且也完善了对核武器的管控，使国家
对核武器的战略价值认识逐渐深入，并且在核武器的管理机制、法律规
章等方面日臻成熟。最后，能加深我们对美国核安全观以及国家安全观
的认识。原子弹的出现，不仅引发了军事战略层面的理论革新，也引发

---

① Walter LaFeber, *America*, *Russia and the Cold War*, 1945－1992, New York：McGraw－
Hill, 1993, p. 41.

了美国学者对其在军事领域以外价值的深入探讨，核武器成为冷战时期美国国家安全战略的重要考虑因素。美国的核安全体系建构的背后，有着一以贯之的核安全逻辑。厘清这种核安全逻辑，就可以让我们更深入地理解美国的核安全观与国家安全观。

对美国核安全体系起源的研究也具有强烈的现实意义。随着冷战结束，"核安全体系"的内涵也不断变化，但是人们一直为核冲突与战争幽灵所困扰。国际社会面临的核威胁态势不但没有减轻，反而逐渐恶化。人类社会一方面努力实现核军控、核裁军，避免核扩散，杜绝核恐怖，防止核意外，另一方面却不得不面对核扩散的残酷现实。日本福岛核事件之后，国际核安全问题越发凸显，进一步暴露出当今国际核安全制度在防止核事故、解决核危机方面存在严重缺陷。日本罔顾国际责任，自行决定排放核废水更是严重危害我国的国家安全。核安全问题不仅仅是主权国家的内部事务，也会产生深远的跨境影响。国际核安全体系是国际话语权的重要体现。当今的国际核安全体系是在美国主导下建立的，有鲜明的西方特性、冷战特性，导致其无法有效解决日益突出的核安全问题。对美国核安全体系起源的研究，不仅可以让我们更好地认识当今国际核安全体系的问题，为构建更加合理有序的国际核安全体系提供借鉴，也可以更好地维护我国的国家安全。

二、概念界定与研究内容

对核安全体系基本概念的界定，是展开相关学术研究的前提和基础。顾名思义，核安全是指在核能与核技术领域涉及的安全问题。2003年，国际原子能机构（International Atomic Energy Agency）为帮助成员国在监管核能与电离辐射的和平利用方面建立法律体系，出版了《核法律手册》（*Handbook on Nuclear Law*）。手册中提出了核法律的基本原则是"安全原则"和"安保原则"。2011 年版手册进一步提出了"N3S"概念，并以"N3S"概念作为该手册的指导方针。所谓"N3S"就是指"核安全（Nuclear Safety）、核安保（Nuclear Security）、核保障（Nuclear Safeguard）"。①

狭义的核安全是指采取适当的措施确保核设施和核活动的安全，保护人类和环境免遭辐射危险，包括核设施安全、辐射安全、放射性废物管理安全和放射性物质运输安全等。② 广义的核安全还包括核安保与核保障。核安保是指防止、侦查和应对涉及核材料和其他放射性物质或相关设施的偷窃、蓄意破坏、未经授权的解除、非法转让或其他恶意行为。核保障主要指通过对核材料的有效控制，确保其不用于非和平目的，它以防止核武器扩散为基本目的。③ 核安全、核安保、核保障三者关系密切又有所区别。从关注对象来看，核安全专注于核设施与核活动安全，核安保重点关注核材料实物保护、预算等，核保障重点关注核材料的扩散问题。从涉及范围来看，核安全涉及无论何种原因的辐射对人或环境造成的危害，核安保涉及可能对他人造成威胁或伤害的蓄意或疏忽行为，核保障涉及核材料扩散对整个国际社会带来的危害。④

核安全的概念与内涵是不断变化、丰富的。人类对核科学的研究本身就是一个逐渐深入发展的过程，而核科学技术的应用更是不断拓展。随着核科学产品逐渐多样化以及国际环境的不断变化，人类所面临的核

---

① 吴宜灿等：《核安全导论》，中国科学技术大学出版社，2017 年，第 1—2 页。
② 吴宜灿等：《核安全导论》，中国科学技术大学出版社，2017 年，第 2 页。
③ 吴宜灿等：《核安全导论》，中国科学技术大学出版社，2017 年，第 2 页。
④ 吴宜灿等：《核安全导论》，中国科学技术大学出版社，2017 年，第 2 页。

安全目标和内容也各不相同。核武器产生于第二次世界大战中，除美国外，当时还没有其他国家能够制造核武器，因此在第二次世界大战期间美国的核安全主要表现在防止核技术泄露，以及在世界范围内确保核材料安全。随着美国核垄断地位被打破，冷战进一步加剧，冷战时期美国的核安全内涵发生转变，开始防止核武器从有核国家扩散到无核国家，同时随着核科学认识的深入，防止核污染也成为核安全的重要目标之一。随着冷战结束，核安全越来越多地被视为一个社会议题，防止"核武器"扩散的对象也越来越多针对恐怖分子，防止民用核能设施的核泄漏、核污染更是成为核安全的重中之重。

因为核安全目标与内涵极其丰富，所以对核安全做出符合其时代特征的定义是十分必要的。本研究所指核安全是指广义的核安全。在核能发现之初，核安全、核安保、核保障并未像当今有如此明确的界定，这三者之间的紧密关联性更为凸显，因此对核安全起源问题的研究，不应将三者割裂开来，而是应该将其作为一个整体进行探讨。本研究将美国的核安全体系定义为：美国为了维护核能和核武器安全以及免受核武器轰炸所采取的政策、建立的机制、实施的措施的集合，具体来说，包括美国为维护核能和核武器安全以及免受核武器轰炸所确立的核安全政策、建立的核安全管理机制、采取的核安全保护措施。

本研究将从国内核安全体系、国际核安全体系、核安全战略与核军备发展三个层面对美国早期核安全体系建设进行分析。从国内层面看，美国创设了有关核安全的法律，成立了一系列核事务管理机构，让核安全具备了国家机制上的保障；从国际层面看，美国试图建立一个自己主导的国际核控制机制，于是开始与盟国进行核合作，同时对苏联进行核威慑。美国的核战略与国家安全战略紧密相连，同时早期核能的发展也出现了军用核能与民用核能的分离，因此本研究将"核安全战略与核军备发展"单独加以探讨。

1939—1952 年的美国核安全体系建立过程是不断完善与深化的，这个过程不仅与美国国内政治经济发展状况紧密相连，也与冷战的大背景相辅相成。本研究力图通过上下延伸与横向汇通，将美国核安全体系建构置于拥有广阔空间以及多个层次的范畴中，以便全面考察这一时期美国核安全体系的战略考虑、行为规则和实践活动，深入挖掘冷战初期美国核安全体系的变化规律及特点，解释美国核安全体系在国家安全体系中的定位，以及该体系对美国后期核战略的影响。

三、研究现状

（一）国外学者的研究现状

国外学者对美国早期核历史的研究已有大量著述，本书主要梳理与国内核安全体系、国际核安全体系、美国与其他国家核关系、核战略思想、核武器与冷战关系相关的研究著述。

1. 国内核安全体系研究

美国核管控委员会历史学家 J. 塞缪尔·沃克（J. Samuel Walker）长期关注核监管问题。他的《控制原子：美国核监管的开始 1946—1962》《遏制原子：核电监管的历史 1963—1971》① 可谓美国核管控的官方史书。两书运用了大量一手资料，包括原子能委员会、国会原子能

---

① J. Samuel Walker and George T. Mazuzan, *Controlling the Atom：The Beginning of Nuclear Regulation*, 1946—1962, Berkeley Uniersity of California Press, 1984; J. Samuel Walker, *Containing the Atom：Nuclear Regulation in a Changing Enviroment*, 1963—1971, Berkeley University of California Press, 1992.

联合委员会、联邦辐射委员会的原始档案，总统公文，时任原子能委员会主席格兰·西博格（Glen Seaborg）的日记，以及国会关键成员的文件。介绍了从原子能委员会成立到美国核管控委员会成立之前美国核管控的历史。探讨了反应堆选址、反应堆安全、应急堆芯冷却、铀矿开采安全、辐射暴露争议、事故预防等方面的监管发展。这两本书聚焦于监管政策形成背后的政治斗争，利益集团以及科学、政策和经济之间的博弈。除了对核管控历史的宏观梳理外，沃克的研究也涉及核废料、核辐射安全等。《允许剂量：20 世纪的辐射防护历史》① 揭开了辐射的神秘面纱，对辐射进行了科学的解释，让人们更好地了解辐射在多大程度上可以对人口产生影响。在翔实的文献记录基础上，沃克清晰地描绘了在科学的不确定性、利益冲突以及公众恐惧不断增长的背景下，对辐射安全的科学评估是如何发展起来的。书中提及早期由于媒体和当局的误导，让公众产生了非理性的核恐惧，其中不乏在不知情对象身上进行秘密钚实验的例子，还为实验进行正义的辩护，这不免让人对其立场的客观性产生怀疑。沃克最新的《通向尤卡山之路：美国放射性废料政策的发展》② 是第一本研究美国核废料处置的史书。叙述了从曼哈顿工程（Manhattan Project）到 1987 年《核废料政策法案》（*Nuclear Waste Policy Act*）修订之间，美国核废料处置的历史，书中也涉及当今美国核废料的处置政策。书中认为在早期的核历史中，由于起关键作用的科学家如奥本海默等认为废料管理并不重要，因此原子能委员会对此问题并

---

① J. Samuel Walker, *Permissible Dose: A History of Radiation Protection in the Twentieth Century*, Berkeley University of California Press, 2000.

② J. Samuel Walker, *The Road to Yucca Mountain: The Development of Radioactive Waste Policy in the United States*, Berkeley University of California Press, 2009.

没有足够重视，只有在外部顾问和公众的抗议下才消极地对核废料进行处理。沃克也提出了一个极为尖锐的问题，即美国始终没有做出预防放射性废物对人类和环境造成污染的方案。没有最终的预防方案，不仅损害了原子能委员会以及此后能源部的声誉，而且也可能会造成整个美国核工业的毁灭。

米歇尔·S. 戈贝尔（Michele Stenehjem Gerber）的《国内战线：汉福德核工厂的冷战遗产》① 关注了华盛顿东部汉福德（Hanford）核设施为制造核武器而生产钚所产生的环境滥用和健康危害。戈贝尔的书展示了军事需求是如何优先于环境和公众健康保护的。她对汉福德工厂的土壤、大气污染做了具体描述，认为这些都是放射性物质泄漏造成的。她指出"在很多时候，巨大的核设施放射性和化学废物排放远远超出允许的水平和可容忍的极限"。戈贝尔利用一份汉福德公司公开的文件说明美国官员们为了生产目标，并没有告知公众危险材料排放对公共健康的危害。这本书对评价冷战时期科学与军事的关系做出了重要的贡献。特伦斯·R. 费纳和 F. G. 高斯林的《从冷战而来：监管美国能源部核设施 1942—1996》、伊恩·斯泰西的《毁灭原子边界之路：汉福德工厂的环境决策（1942—1952）》②，这些作品都认为在早期制造原子弹的过程中，由于缺乏系统的安全知识，美国没有制定安全标准，也没有安全监管，最终造成环境危害。

大卫·M. 布莱斯（David M. Blades）和约瑟夫·M. 西拉库萨

---

① Michele Stenehjem Gerber, *On the Home Front: The Cold War Legacy of the Hanford Nuclear Site*, Lincoln University of Nerbraska Press, 1992.

② Ian Stacy, "Roads to Ruin on the Atomic Frontier: Environmental Decision Making at the Hanford Nuclear Reservation, 1942—1952", *Environmental History*, Vol. 15, No. 3 (July, 2010), pp. 415-448.

（*Joseph M. Siracusa*）的《美国核试验的历史及其对核思想的影响1945—1962》①详细地列举了各种试验的信息，并且追溯了随着核试验的进行产生的"想法、信念和假设"。探讨了杜鲁门、艾森豪威尔和肯尼迪三任政府对待核试验的不同变化，杜鲁门想将核试验作为一种可接受的规范化国家行为，艾森豪威尔和肯尼迪则对核试验越发持怀疑态度。不过该书并未对试验产生的放射性尘埃问题进行探讨。利奥·尤子科的《核试验和公众健康》和卡洛琳·科普的《美国科学界核辐射讨论的起源》两书则从辐射危害的角度探讨了核能安全问题。

布雷恩·巴洛格（Brain Balogh）的《连锁反应：1945—1975年美国商业核电站的专家争论与公众参与》②讨论了联邦政府在核能推广的过程中扮演的角色。作为商业史家，巴洛格更侧重于将核能的商业化作为商业案例进行研究。探讨了核能专家、环保运动对核能政策的影响，以及原子能委员会和国会原子能联合委员会在核能商业化中的作用。

汉斯·伯恩（Hans Born）等学者在《控制炸弹：核武器的文官控制以及民主责任制》③一书中，探究了8个国家、不同因素在国内对核武器的控制中所扮演的角色，并且评估了这些因素的相对影响，及其对相对的国家方法的塑造。这些学者尤其重视对核武器进行控制的国家行政、立法、司法机构的研究，包括整体上的政府官僚机构、军事和其他核心安全因素、市民社会，包括特别的市民机构、市民社会组织。

---

① David M. Blades and Joseph M. Siracusa, *A History of U. S. Nuclear Testing and Its Influence on Nuclear Though*, 1945—1963, Lanham: Rowman &Littlefield, 2014.

② Brain Balogh, *Chain Reaction: Expert Debate and Public Participation in American Commercial Nuclear Power*, 1945—1975, Cambridge: Cambridge University Press, 1991.

③ Edited by Hans Born, Bates Gill and Heiner Hanggi, *Governing the Bomb—Civilian Control and Democratic Accountability of Nuclear Weapons*, Oxford University Press, 2010.

2. 国际核安全体系研究

关于战后初期原子能的国际控制问题，是杜鲁门政府核政策的一项重要内容。"巴鲁克计划"一直是学者们探究的热点。理查德·休利特（Richard G. Hewlett）和奥斯卡·安德森（Oscar E. Anderson）主编的《新世界：1939—1946 年美国原子能委员会的历史》，作为美国原子能委员会的一部正史，它辑录了大量原始文献，对"巴鲁克计划"的起源和历史做了完整、详尽的阐述①。格雷格·赫肯（Gregg Herken）也认为，"巴鲁克计划"是一种"虚幻信念"的产物，即原子弹既可以用于外交，也可以在军事上作为和苏联斗争的"克敌制胜的武器"。② 巴顿·伯恩斯坦（Barton J. Bernstein）则指出，"巴鲁克计划"谈判的失败，必须被理解为"美苏关系中彼此不信任的一种象征"，它"既是冷战的诱因，又是冷战的结果"。③

威特纳·劳伦斯（Wittner S. Lawrence）曾是安全研究委员会主席，并且长期积极投入全球裁军运动，他的《一个世界或毁灭的世界：1953 年以前的世界核裁军历史》④，是其反对核扩散三卷本论述的第一卷。他认为，核武器太危险，因此不能进行应用。他意识到，早期科学家在使用炸弹及其性质问题上，就一直存在着十分激烈的争论：因为这个炸弹毁灭力过强，所以不能使用它，还是将核武器仅仅当作炸弹，而将其

---

① Richard G. Hewlett and Oscar E. Anderson, *A History of the United States Atomic Energy Commission: the New World*, Pennsylvania State University Press, 1962.

② Gregg Herken, *The Winning Weapon: The Atomic Bomb in the Cold War* 1945—1950, Pantheon Books, 1980.

③ Barton J. Bernstein, "The Quest for Security: American Foreign Policy and International Control of Atomic Energy 1942—1946", in *Journal of American History*, Vol. 60, No. 4, 1974.

④ Wittner S. Lawrence, *One World or None: A History of the World Nuclear Disarmament Movement through* 1953, Stanford University Press, 1993.

放进常规武器库。与此同时，这本书也记录了世界内不同和平力量以及裁军活动的增长。作者分析了裁军运动对国家政策的影响，虽然裁军运动成功唤起人们对核弹破坏性的认识，但是还不能压过更受大众欢迎的愿望——为冷战进行武装。关于原子能的国际控制和防止核扩散问题，也是很多国际关系理论学者研究的热点。[1]

《国际原子能机构的40年历史》[2] 是费舍尔·大卫（Fischer David）专门为机构成立40周年而作，由机构自行出版。内容涉及机构成立之初的国际背景、机构《章程》谈判的简要过程、机构成立后在传播有关和平利用核技术、核原料方面的作用以及机构的保障监督体制等。该书为读者提供了考察国际原子能机构发展、演变的内部视角。但显然，本书涉及内容较为宽泛，读者只能从中获取机构发展的概要，而无法从外部视角深入了解各国在机构各项功能发挥中的作用。此外，本书作者基本回避指出机构在发展过程中存在的诸多缺陷。《国际原子能机构：人物反思》[3] 一书也是由国际原子能机构编纂而成，主要涉及在各个时期为机构发展做出重要贡献的人物的文章或对这些人物进行的采访，对于读者把握机构的发展脉络有所助益，但其体现的主观性不言而喻。

3. 美国与其他国家核关系研究

冷战时期美国与盟国的合作与互动，也是学者们的研究热点。玛格

---

[1]　关于这方面的研究还有 Scott D. Sagan and Kenneth N. Waltz, *The Spread of Nuclear Weapons*: *A Debate*, W. W. Norton, 1995; Victor A. Utgoff（edi）, *The Coming Crisis*: *Nuclear Proliferation*, *U. S. Interests*, *and World Order*, the MIT press, 2000。

[2]　Fischer David, *History of the International Atomic Energy Agency*, *the First Forty Years*, the Agency, Vienna, 1997.

[3]　*International Atomic Energy Agency*: *Personal Reflections*, The Agency, Vienna, 1997.

丽特·高英在其名作《独立与威慑：英国与原子能》①　中，描述了英国在安全上依赖美国、支持美国的国际原子能政策，但又担心美国的管制政策会限制英国核武器的发展。因此，在联合国原子能委员会上，英国并未主动提出什么建议，虽支持美国的立场但并不热心。蒂莫西·J.博蒂（Timothy J. Botti）在《漫长的等待：缔造英美核联盟 1945—1958》②　一书中，认为虽然英美在这段时期内有很多方面需要合作，然而"同等程度的亲密合作并没有在原子能领域有所发展"。③　英国在战争期间曾帮助美国发展核弹，并且希望在战争结束时能与美国合作，共同发展核能。但是因为美国通过《麦克马洪法案》，认为核信息不可泄露，而英国核科学家克劳斯·富克斯的间谍丑闻破坏了美国与英国合作的愿望。塞普蒂默斯·H.保罗（Septimus H. Paul）的著述《核竞争：英美原子关系 1941—1952》④　成书较晚，但该书得益于近年来解密的美国国家档案，作者运用了英美两国的史料，提出了与博蒂不同的观点。塞普蒂默斯·H.保罗认为，在第二次世界大战结束后的十年中，英美核关系并不是很好，在很大程度上是由于罗斯福和丘吉尔在战时会议时高度私人化交换的本质而遗留下来的，这让战后英国有一种被昔日的盟友背叛的感觉。他认为，"克劳斯·富克斯间谍案"对英美核合作的破

---

① Margaret Gowing, *Independence and Deterrence：Britain and Atomic Energy*, 1945—1952, *Vo I*, *Policy Making*, New York：St. Martin's Press, 1974.

② Timothy J. Botti, *The Long Wait：the Forging of the Anglo-American Nuclear Alliance*, 1945—1958, New York, Westport&London：Greenwood Press, 1987.

③ Ibid, p. 2.

④ Septimus H. Paul, *Nuclear Rivals：Anglo-American Atomic Relations*, 1941—1952, Columbus：Ohio State University Press, 2000. 对于与英国的核关系还有 John Simpson, *The Independent Nuclear State：the United States*, *Britain and the Military Atom*, London：Macmillan, 1983, 此书讨论了英国国内政治对英美核关系的影响。

坏，并没有通常想的那样大，然而"盖·伯吉斯–唐纳德·麦克林间谍案"则是关键性的。他认为，美国因为关心取得原子弹的原材料，因此在保持战后核合作方面，实际上所做的跟英国一样多。另外，作者也讨论了官僚机构在对外政策的规划中所扮演的角色。

碧翠丝·霍伊泽尔（Beatrice Heuser）则关注了美国核战略与北约国家核战略的互动。作者认为，整个冷战过程中，大多数国家对美国丢掉欧洲的恐惧要远远大于美国好战的恐惧。她强调，北约战略是在多大程度上基于欧洲和美国在不同观点中达成妥协。作者认为，英国可以有效使用其适度的核力量，作为杠杆来影响美国。作为对比的例证是法国独立的核政策，作者认为，法国核政策的调整，是为了适合"国内对法国社会的心理需要"，而不是任何战略基础。而德国害怕其领土首先遭到苏联袭击，同时也害怕在核破坏下或者是达成妥协的和平下，虚弱的北约会抛弃德国。西德统治者一致同意，通过必要的核手段在边界就能控制住入侵者。①

美国研制原子弹，最初的目的是战胜德国，但其计划由始至终对苏联严格保密。"伟大的同盟"是很脆弱的，美国领导人并不信任苏联这位盟友。在与苏联的核关系中，学者们更多地关注冷战中的美苏两国的军备竞赛，以及核武器对两国关系的影响。罗纳多·波瓦斯基（Ronald Powaski）认为，所有冷战时期的总统，除了艾森豪威尔以外，对外交和军事问题的知识都严重不足。估计不足使他们只有通过过度建设核武库，以获取苏联支持控制武器条约，缺乏技能让他们对用政治手段解决

---

① Beatrice Heuser, *NATO, Britain, France and the FRG: Nuclear Strategies and Forces for Europe*, 1949—2000, London: Macmillan, 1997.

军备竞赛几乎没有诚意。① 雷·P. 奥捷塞基斯（Ray P. Ojserkis）认为，重大的冷战军备竞赛与苏美关系在 1945—1950 年出现退化，这并不是简单的巧合。作者认为，国会在战后阻碍了军事开支的增加，同时由于领导层认为，厌恶战争的苏联不会开始另一场主要的冲突，美国可以依赖增长核武库，以此进行有效的遏制，因此美国的国防预算从 1945 年的 440 亿美元缩减到了 1951 年的 135 亿美元。美国和西方的常规军事力量在这几年中被显著削弱，而苏联此时则在中欧占有决定性的常规武器优势，如果发生战争的话，很容易直接进军西欧，这种局面一直未得到根本性扭转，直到朝鲜战争爆发。杜鲁门认为，苏联在欧洲享有常规武器优势，苏联的国家意图变得更具侵略性。美国防御支出在 1950 年高涨，并且直到 20 世纪 70 年代也没有被显著地节制。② 在核武器如何影响美苏关系这一问题上，沃尔弗斯认为，前原子时代的紧张——而不是我们拥有了原子弹，苏联怀疑——导致了苏美关系的恶化。③

4. 核战略思想研究

科学技术革命必然带来战略与战术的变革，核技术对战略的影响也是如此。如果将有关核战争的战略依照常规战略与常规战争展开，那么核战略就会受到核武器的威力与传统战略战术不相称这一阻碍。核武器所带来的战术变革，面临的最重要任务之一，就是拟定适合于核技术的新战略战术。因此，核武器的出现，首先引发了美国国内各界对核军事

① Ronald Powaski, *March to Armageddon*：*The United States and the Nuclear Arms Race*, New York：Oxford University Press, 1987.

② Ray P. Ojserkis, *Beginnings of the Cold War Arms Race*：*The Truman Adiminration and the U. S. Arms Build-Up*, Praeger, 2003.

③ 伯纳德·布罗迪等：《绝对武器》，于永安、郭莹译，解放军出版社，2005 年版。

战略的热烈讨论。

早期核战略研究者的关注点，集中在核武器能否应用于战争，以及如何在战争中使用这一问题上。美国学者伯纳德·布罗迪（Bernard Brodie）最先对核战略研究做出尝试，他认为，核武器与众不同、前所未有，人类现有的所有武器都不可与之相提并论；核武器拥有巨大的威力，防御起来极为困难，因此他将核武器称为"绝对武器"（Absolute weapon）。在这种认识下，布罗迪认为，抵御核袭击威胁的最好方式就是发展威慑力量。核时代的武装部队要有三种能力：第一种能力是可以用原子弹进行报复性攻击；第二种能力是入侵敌人的领地；第三种能力是击退侵略，给摧毁的地方带去救济。① 布罗迪还提出，在注意威慑力的同时，也要注意武器应用，主要包括核遏制、核勒索、有限战争、意外战争等。

遏制战略的奠基人乔治·凯南认为，核武器在国际关系和战争中的运用价值在于威慑。虽然在看待核武器这个问题上，他认为存在两种态度，一种是一旦卷入战争，核武器就会成为军队的一个重要组成部分，国家可以迅速且不犹豫地使用核武器；另一种则仅仅为了遏制，但是凯南认为，军事计划不应建立在对核武器的依赖之上。他认为，美国应谴责并痛恨使用核武器，只有在受到其打击时才使用。美国应避免第一个使用核武器，也要试图教育其他国家不使用核武器。② 无论是布罗迪还是凯南，既都将核武器看成是威慑力量，又将核武器作为可以在战争中

① 伯纳德·布罗迪：《绝对武器》，于永安、郭莹译，解放军出版社，2005 年。Bernard Brodie, *Strategy in the Missile Age*, Princeton University Press, 1959.

② George F. Kennan, *The Nuclear Delusion Soviet-American Relation In the Atomic Age*, Pantheon Books, 1982.

实际使用的武器。

核武器是否改变了战争形态，也是早期研究者关注的重点问题。美国科学家罗伯特·奥本海默在 1953 年 7 月号《外交》季刊上发表的《原子武器和美国政策》一文中写道："我们可以预见，将会出现如下局面：两个大国中的每一方都能够毁灭对方的文明和生命，当然也要冒毁灭自己的风险。可以把我们这两个大国比作一个瓶子中的两只蝎子，每一只都能杀死对方，但是却必须冒着毁灭自己的风险。"① 所以，美国要避免文明和生命的毁灭，就必须改变战争的观念。基辛格在《核武器与对外政策》② 一书中详细阐述了"威慑战略"与"有限战争"。他认为，全面核战争的战略思想是不对的，与之对应，他提出了有限战争的概念，"有限战争的战略目的是首先加强威慑"。③ 同时，他也承认有限战争要求保持核优势。这本书后来成为美国官员的必读书目，直接影响到美国的核战略实践。

20 世纪 80 年代后，学者们的关注点逐渐转向对核战略发展的总结与评判上。美国学者劳伦斯·弗里德曼（Lawrence Freedman）于 1981 年出版《核战略的演变》④，对 1945 年到 1980 年间的国际核战略问题做了广泛且系统的论述。作者认为，战后初期美国关于核武器的辩论，艾森豪威尔政府推行的"大规模报复战略"，麦克纳马拉由"打击军事力量"向"确保摧毁"理论的转变，"施莱辛格主义"的出现，甚至卡特政府时期对核战略的新修改，这些都说明了历届美国政府的核战略演

① 劳伦斯·弗里德曼：《核战略的演变》，黄钟青译，中国社会科学出版社，1990 年，第 115 页。
② 基辛格：《核武器与对外政策》，世界知识出版社，1959 年版。
③ 基辛格：《选择的必要：美国外交政策的前景》，商务印书馆，1972 年，第 77 页。
④ 劳伦斯·弗里德曼：《核战略的演变》，黄钟青译，中国社会科学出版社，1990 年版。

化，都与跟苏联的激烈对抗紧密相关。弗里德曼不仅从军事的角度，而且从较广泛的政治角度，详细说明了美国核战略的演变，列举核武器手段与政治目标之间的联系，认定核武器最终是要达到政治的目的。弗里德曼的结论是：核战争无出路，美苏企图借助建立有效的战略防御，或者欲运用第一次打击力量消灭对方的核报复能力，均属徒然之举。作者全面论述了核战略的主要问题，该书亦成为国外最具代表性和权威性的核战略研究成果。罗伯特·杰维斯（Robert Jervis）于 1984 年出版《美国核战略的非逻辑性》①，该书回顾了美国核战略此前的演变历程，并提出了自己的批评：美国核战略中目标与手段不协调，战略核力量带有脆弱性，威慑不稳定，以及矛盾战略代价巨大和存在危险等。美国学者曼德尔鲍姆·迈克尔（Mandelbaum Michael）将从 1946 年（出台"巴鲁克计划"）起到 20 世纪 60 年代视为前原子时代，这一时期美国的战略观点是，核武器的存在就是为了应用于战争，美国必须相对苏联保持战略优势。而这一观点的转折则是 1962 年"古巴导弹危机"。面对面对峙使美苏双方都认识到，核武器具有特殊的破坏性。"由来已久的无政府国际系统与现代科学的可怕果实"30 年共存的结果就是，"核战略与核外交毫无疑问的目标和成就"。②

　　冷战结束后，学者们更多地关注起核战略与未来和平的关系。美国宾州大学政治学教授斯蒂芬·J. 辛巴拉（Stephen J. Cimbala）在《核威

---

① Robert Jervis, *The Illogic of American Nuclear Strategy*, Cornell University Press, 1984.
② Mandelbaum Michael, *The Nuclear Question：The United States and Nuclear Weapon 1946—1976*, Cambridge, 1979. 此方面的研究还有 Samuel R. Williamson, Steven L. Rearden, *The Origins of U. S. Nuclear Strategy1945—1953*, New York：St. Martin's, 1993；David Schwartzman, *Games of Chicken：Four Decades of U. S. Nuclear Policy*, New York：Praeger, 1988。

慑的过去和未来》①一书中，分析了核武器与核威慑在冷战中是如何运行的，以及核武器和核威慑是如何束缚战后世界的。他认为，核扩散并不会动摇现在的国际关系，甚至还会减少战争的危险。超级大国都很重视威慑，威慑在保持战后和平方面起了重大作用。②

5. 核武器与冷战关系研究

20世纪60年代修正主义的代表性人物阿尔佩罗维茨，在《原子外交》中提出了关于原子弹影响的较为极端的观点。他认为，正是原子弹导致了冷战的爆发，而不是其他因素。阿尔佩罗维茨认为，如果原子弹没有被发明，美国就不会在波茨坦会议上表现得具有侵略性。是原子弹让杜鲁门在处理与苏联事务时有"完全自信的感觉"。③阿尔佩罗维茨认为，是原子弹导致了美国重新武装西德、决定参加朝鲜战争，而这些事情都加速了冷战的军事化。

阿尔佩罗维茨的修正派史学在美国学术界立即引起一场轩然大波，其观点遭到不少人的批评和诘难。正统派学者认为，阿尔佩罗维茨将冷战的主要责任归咎于美国，修正派学者认为，他过于强调原子弹是美国的主要实力，而不是美国巨大的经济优势。伯恩斯坦声称，《原子外交》一书的观点是"貌似有理，却过于夸大和经不住推敲的"；④罗伯特·麦德克斯则批评该书作者对史实"做了严重歪曲和误解"。⑤

---

① Stephen J. Cimbala, *The Past and Future of Nuclear Deterrence*, London：Praeger, 1998.

② 对于核威慑研究还有 Richard Betts, *Nuclear Blackmail and Nuclear Balance*, Brookings Institution Press, 1987。

③ Alperovitz, " the centrality of the bomb", *foreign policy* 94, spring, 1994, p. 7.

④ Barton J. Bernstein, "The Uneasy Alliance：Roosevelt, Churchill, and the Atomic Bomb, 1940—1945", in *Western Political Quarterly*, Vol. 29, No. 2, 1976.

⑤ Robert J. Maddox, "Atomic Diplomacy：A Study in Creative Writing", in *Journal of American History*, Vol. 59, No. 4, 1973.

20 世纪 70 年代后，借助已公开的关键性原始档案，又有几部重要的著作问世，使阿尔佩罗维茨的某些观点打了折扣，但某些观点又得到进一步证实。哈佛大学的亚当·乌拉姆在《竞争：二战后的美国和苏联》① 中，挑战阿尔佩罗维茨的观点，他认为发展和使用核武器，几乎没有改变美国对苏联的政策，并且认为核武器并没有被当成外交工具。他认为，核武器应该被当作一个交易平台，以确保美国的政治优势。马丁·舍温同意阿尔佩罗维茨的分析，即高层官员把原子弹当作能提供外交砝码的政治武器，但他又称这样的考虑是第二位的，军事因素才是第一位的。② 伯恩施坦和舍温也都认为，要注意罗斯福时期对杜鲁门时期核政策的影响，伯恩斯坦更强调，罗斯福的遗产有效地限制了杜鲁门处理原子弹问题的方式。③

冷战结束后，美国冷战史大家约翰·加迪斯（John L. Gaddis）使用了苏联、东欧和中国一些可用的新史料，写出重新反思冷战史的著作《我们现在知道了：反思冷战史》。④ 他提出，没有原子外交这一说法，认为核武器在外交上无用，并批判阿尔佩罗维茨的观点是错误的。他认为，核武器既保证了"长和平"，又推迟了美国在冷战中的胜利，而在整个冷战过程中，核武器的破坏性与积极性也交替出现。

---

① Adam B. Ulam, *The Rivals: America and Russia Since World War II*, New York: Viking, 1971.

② Martin J. Sherwin, *A World Destroyed Hiroshima and Its Legacies*, Stanford University Press, 2003; Martin J. Sherwin, "The Atomic Bomb and the Origins of the Cold War: U. S. Atomic Energy Policy and Diplomacy, 1941—1945", in *American Historical Review*, Vol. 78, No. 4, 1973.

③ Bar J. Bernstein, "Roosevelt, Truman, and the Atomic Bomb, 1941—1945: A Reinterpretation", *Political Science Quarterly*, Vol. 90, Spring, 1975.

④ John Lewis Gaddis, *We Now Know: Rethinking Cold War History*, Clarendon Press, Oxford, 1997.

（二）国内学者研究现状

国内学术界对核武器和核安全问题的研究，一直未给予足够重视。20世纪80年代后，为适应军队现代化建设和改革开放的需要，一批有代表性的外国军事著作陆续被翻译出版。从20世纪80年代末开始，在军事部门许多学者的努力下，国内学术界对核问题的研究也出现了蓬勃发展态势，并取得了相当可观的成果。国内早期的成果几乎全部来自国防大学和军事科学院的教授，如顾德欣教授、王仲春教授。近年来，已经有越来越多的相关成果，开始来自非军事院校等研究机构。历史学者主要关注核武器与冷战进程的互动关系，赵学功、戴超武、白建才、姚百慧、詹欣、侯锐等都发表了多篇重要的学术论文，国际关系学者则重视防核扩散研究，如朱明权、夏立平、滕建群等学者。

核武器与冷战进程研究是学者们研究的重点问题。白建才认为，原子武器的出现，打破了美苏均势，美国因为独家掌握原子武器而耀武扬威，对苏联实行强硬的对抗政策，导致了冷战爆发。美苏之间激烈的核军备竞赛，则导致了冷战的加剧。伴随着限制核军备问题深入，促使两国关系缓和并最终导致冷战结束。[1] 赵学功认为，核武器在美苏冷战中发挥了独特作用。美苏双方一方面为了追求战略优势，不遗余力展开军备竞赛，加剧了世界紧张局势；另一方面，核军备竞赛不仅没有给美苏两国带来安全，反而使双方都面临着被对方毁灭的危险。[2] 侯锐的《美国战略核导弹发展与控制研究（1945—1980）——兼论美苏核安全关

---

[1] 白建才：《试论核武器在冷战发生、发展和结束中的作用》，《陕西师范大学学报（哲学社会科学版）》，2000年3月第29卷第1期。

[2] 赵学功：《核武器与美苏冷战》，《浙江学刊》，2006年第3期。

系变化与冷战进程》①，是国内出版的最新有关美国核战略的专著，她认为，1955—1968 年是美苏核平衡变化的关键时期，从核僵局到核均势的变化，与冷战进程中的东西方关系从紧张到缓和的逐步变化是一致的。

　　核武器与美国的对外政策也是学者们研究的重点。朱明权、吴莼思、苏长和在《威慑与稳定——中美核关系》② 一书中认为，中美核关系与整个中美关系处于一种互动状态。一方面，中美关系及其变化，是影响中美核关系的一个关键因素；另一方面，中美核关系又会对中美关系产生反作用。中美核关系的一个核心概念是稳定，稳定的中美核关系既是指美国能够接受中国最低限度的核报复能力，不对中国进行核讹诈和核威慑；也是指中国不担心美国的核力量所具有的巨大优势，更不担心美国对中国发动核攻击的可能。不稳定则意味着美国直接或间接采取行动，削弱中国的最低限度的核报复能力，或者对中国进行核讹诈和核威慑，从而引起中国对自身安全的担心和反措施。维护中美核关系的稳定，是两国今后的重要任务，两国不应损害已经形成的双边威慑，还应通过构建共同安全的国际制度和共同安全文化，为中美核关系的稳定提供新的动力。詹欣在《冷战与美国核战略》③ 中详细论述了美国对大陆和台湾研制核武器的态度。他认为，美国对大陆研制核武器的对策分为直接军事打击，与苏联合作限制中国研制核武器，援助亚洲国家限制中国研制核武器，甚至还要提供技术援助日本开发。在对台研制核武器问

---

①　侯锐：《美国战略核导弹发展与控制研究（1945—1980）——兼论美苏核安全关系变化与冷战进程》，辽宁大学出版社，2011 年版。

②　朱明权、吴莼思、苏长和：《威慑与稳定——中美核关系》，时事出版社，2006 年版。

③　詹欣：《冷战与美国核战略》，九州出版社，2013 年版。

题上，他认为，美国持有双重标准。一是在和平使用核能方面进行合作；二是限制不得从事浓缩铀的提炼以及核废料后处理。中美关系的改善，使美国加强了对台研制核武器的控制，却没有惩罚措施，彰显了美国"以台制华"的目的。①

在英美核关系上，学者普遍认为，美英虽然在战后成为最亲密的盟友，但是两国在核武器合作方面却并非一帆风顺。王娟娟认为，尽管美国和英国在防务上有着密切合作，在英国建立战略空军基地，且在当时主要依赖英国的战略军事基地对苏联形成核威慑，但美国政府并未在使用核武器的协商权上对英国政府做出很大让步与妥协。美国想让英国在原子联盟里完全依附于美国，而英国虽然希望与美国进行核合作，但前提是不放弃独立发展核武器。② 姚百慧对冷战初期美国与法国的核关系做了深入研究。第二次世界大战后，美国在核武器领域一直采取保密政策，对法国发展原子能保持警惕中立。20 世纪 50 年代后期，在法国发展核武器的决心明朗后，美国对法国的核政策转为消极反对，并在国家安全政策的范畴内不鼓励盟国发展独立核力量。肯尼迪政府与约翰逊政府曾经出台政策，明确规定不援助法国发展核力量，并把"不援助的范围"扩大到运载手段等相关领域。尼克松政府时期为改善两国关系，开始秘密对法国展开核援助。美国对法国核政策的变化，是美法关系变迁的基本原因之一。③

---

① 詹欣：《试析美国对台湾研制核武器的对策》，《冷战国际史研究》，2006 年第 2 期。
② 王娟娟：《战后初期美英在使用核武器协商权问题上的争议》，《社会科学辑刊》，2011 年第 1 期。王娟娟：《论 1949—1950 年美国合并英国核项目的计划及失败》，《东北师大学报（哲学社会科学版）》，2011 年第 3 期。
③ 姚百慧：《美国对法国核政策演变论纲（1945—1973）》，《首都师范大学学报（社会科学版）》，2009 年第 2 期。

赵学功主要分析了核武器对美国在朝鲜战争中政策的影响。他认为，在朝鲜战争中，美国没有使用核武器的主要原因有四个：首先，美国的战略重心在欧洲，而不在亚洲；其次，美国的主要对手是苏联，而不是中国；再次，扩大战争将给美国造成严重后果；最后，美国的盟国一致反对使用核武器。正是在这些因素的共同作用下，美国决策者终究未敢轻举妄动。①

关于对美国的核战略研究，王仲春认为，美国核战略中的威慑、发展、运用和军控几项具体政策，反映了战略的三要素，即目标、势力、手段之间的内在关系。作为相对独立的具体政策，它们各具特色，很多时候相互矛盾；作为一个统一体，它们又相互依存，需要不断协调，而这正是美国核战略不断发展变化的内在动因。② 朱明权认为，从20世纪40年代中期到60年代中期，美国对核武器的认识，经历了从强调实战价值到强调威慑价值。而这种转变与其他国家核力量的增长，与国际反核运动的发展密切相关，但总体来说，美国核政策的发展要滞后于核力量的发展。③

在防核扩散问题上，滕建群《美国防扩散与反扩散政策研究》④、夏立平《冷战后美国核战略与国际核不扩散体制》⑤，都着眼于研究冷

---

① 赵学功：《制约美国在朝鲜战争中使用核武器的若干因素》，《史学月刊》，2011年第4期。赵学功：《核武器与美国对朝鲜战争的政策》，《历史研究》，2006年第01期。

② 王仲春：《美国核力量与核战略》，国防大学出版社，1995年。《不散的核阴云：核武器与核战略从昨天到明天》，国防大学出版社，2000年。《核武器，核国家，核战略》，时事出版社，2007年版。

③ 朱明权：《从强调核武器的实战价值到强调核武器的威慑价值——对冷战初期美国核政策的一种研究》，《美国问题研究》，2002年第00期。

④ 滕建群：《美国防扩散与反扩散政策研究》，军事谊文出版社，2011年版。

⑤ 夏立平：《冷战后美国核战略与国际核不扩散机制》，时事出版社，2013年版。

战后美国的防止核扩散体系，赵恒《核不扩散机制：理论与历史》则梳理了美国核不扩散的历史发展过程。①

与国外研究相比较，国内对美国核安全研究的史学成果并不多，而且研究多集中于核战略、核武器与冷战进程等。从研究的时间上看，学者更关注核安全问题的时效性，鲜有学者对其追本溯源，而对早期美国核安全体系的研究更是薄弱。从研究视角上看，国内学者更多关注核武器与外部因素的互动，例如，核武器的国际控制、冷战对美国核战略的影响，对于美国国内政治因素如何影响其原子能政策的研究则没有详细论述，国内学界还缺乏从国际和国内控制的角度完整阐述冷战时期美国核武器控制的研究专著。

四、本书的研究思路

本书内容分为5章，分别围绕美国核安全理念的产生、国内核安全体系、国际核安全体系、核战略与核军备、核安全体系特点及其评价等方面展开探讨。

绪论部分对核安全的概念、内涵予以界定，同时梳理了国内外学界相关学术研究成果，为本课题研究指明方向。

第一章"美国核安全的奠基"，论述美国核武器概念的产生和核武器制造的全过程。这一时期是美国核安全体系的奠基时期。美国决定制造核武器，其根本出发点是对国家安全的考虑，即抢在德国以前制造出核武器，希望核武器能帮助美国迅速取得战争胜利。在"曼哈顿工程"中，美国建立了核材料与技术管理、监督以及咨询机制，同时实行严格的安保制度，防止核秘密泄露。不过工程并未对核废料、核辐射问题进

---

① 赵恒：《核不扩散机制：理论与历史》，世界知识出版社，2009年版。

行有效的处理，造成不可逆转的环境问题。与此同时，美国还与英国结成原子同盟，在世界范围内攫取核材料，为维护自己的核垄断地位而大肆窃取他国相关情报，抑制其他国家发展核技术、储备核材料等。

第二章"美国国家核安全体系的创立"，从核安全法律保障机制、核安全监督管理机制、核安全决策指挥机制、核民防机制四个方面论述冷战初期美国核安全体系的建立过程。为了确保自身的核垄断地位，美国通过《1946 年原子能法》初步建立了核安全法律保障机制，在此基础上建立了以原子能委员会为中心的核安全监督管理机制、以总统—国家安全委员会原子能特别委员会为核心的核安全决策指挥机制等。苏联打破美国核垄断地位后，为有效防御本土安全，美国又通过《联邦民防法》，建立了联邦民防局，开展群众民防训练，创立了核民防机制。美国的国内核安全体系建设并非一蹴而就。起初美国在生产核武器、进行核试验的过程中没有防护措施，造成人员伤亡和环境代价。

第三章"美国与国际核安全体系的创立"，论述美国与国际核安全体系创立之间的互动过程。在这一时期，美国核政策经历了重大转变，最突出的表现为从维持核垄断地位，转向维护核霸权。为了维持美国的核垄断地位，美国首先提出"巴鲁克计划"。然而，当苏联原子弹研制成功后，美国奉行的核垄断政策破产。

第四章"美国核军事战略与核军备发展"，探讨战后美国核军事战略的演进、核军备建设的发展，以及与美国国家安全战略之间的关系。战后，美国军方为了对付苏联的威胁，确立了一系列核打击计划，但这些核打击计划是否能够在各种冷战危机中付诸实施，却让军方与政府矛盾频发，双方陷入一连串政治与安全争论。与核战略飞速发展相比，美国核军备发展一度停滞不前，但在苏联打破美国核垄断后，尤其是在朝鲜战争爆发后，美国开始大力发展氢弹、中子弹等核聚变技术，同时大规模加速核军备发展，包括远程导弹研制与装备，以便与核战略相匹配。

第五章"美国核安全体系的分析与总结"，通过分析影响美国核安全体系建构的诸多要素，例如，冷战与国际安全环境变化、美国国家安全考量、美国政治—经济—社会形态、核技术、核理论等，对美国核安全体系做出整体分析。分析美国国内核安全体系，包括美国相关法律、监管、决策以及民防等机制，同时分析美国主导建构的国际核安全体系，深入了解参与国际核安全体系的相关国家及其政策，挖掘国际核安全体系所包含的制度、思想、机构、规则及秩序。美国核安全体系建设的两条建构路径，不仅在国际社会确立了基本的核规则与秩序，也确定了世界范围内核战略、核军备以及核竞赛的基本走向。

第一章　美国核安全的奠基
（1939 年 10 月—1945 年 8 月）

第一节　罗斯福政府与核武器决策

一、核科学的产生与发展

19 世纪末 20 世纪初，伴随着现代物理学革命，核物理学研究拉开序幕。1896 年，贝克勒尔发现铀盐的天然放射性，这是人类第一次观察到核变化，这一重大发现通常被看成是原子核物理学的开端。随后，波兰物理学家玛丽·居里将铀和钍的放射性现象命名为"放射现象"。1899 年后，α、β、γ 射线相继被人类发现。1902 年，物理学家卢瑟福与化学家索迪合作，先后发表了四篇开创性论文，提出了放射性嬗变说。这些成果的发现，在欧洲科学界掀起了放射性研究的高潮。据统计，从贝克勒尔发现放射性起到 1902 年 10 月 31 日为止的 7 年间，在《自然》杂志各种索引中，关于放射性的条目总计大约有 60 个，而在以后的两年中，这一类条目的数量急剧增加到 260 个。①

　　20 世纪二三十年代，核物理学进入迅猛发展时期。1919 年，新西兰科学家卢瑟福和他的助手们发现，受到 α 粒子轰击的氮原子核会衰变为氧，同时氮原子核会放出质子。这是人类首次人工实现了核反应。人工核反应的实现，不仅使原子发生转变，而且还可以使人从中获得巨大能量。1932 年，剑桥大学卡文迪实验室的物理学者詹姆斯·查德威克在给《自然》杂志的信中宣布，可能存在中子。中子不仅有助于说明核子的结构，而且因为不带电荷，不起排斥作用，这样就可以使它穿过原子核而不会为其电子所驱逐，以此接近核子，因此它可以用来说明核子的更多情况。后来的事实证明，中子的作用远大于此。用亨利·D. 史密斯的话来说，作为原子弹研制的第一个创纪录的发现，中子"实际是整个项目的主题歌"②。

　　如果说 1932 年是中子年的话，那么 1933 年则是人工放射年。法国科学家约里奥·居里和他的夫人伊伦娜发现，瞄准的粒子可以将一种元素的普通原子变成另一种元素。这是一种信号，表明元素不应被看作是不可变的，放射性也不再是大自然局限于镭或其他少数低活性元素的一种特性。1934 年，约里奥·居里发现人工放射性的消息传到了罗马，意大利科学家费米想到，用中子作为入射粒子要比 α 粒子有效得多。费米和他的同事们不停地用中子轰击一个又一个元素的原子核，最终证明了元素周期表里的几乎每一个元素在受到中子的轰击时都能够发生核转化。在费米的试验中，意义最大的是用中子轰击 92 号元素铀，得到了一种半衰期为 13 分钟的 β 放射性元素，这很可能是一种原子序数大

---

①　李醒民：《激动人心的年代：世纪之交物理学革命的历史考察和哲学探讨》，中国人民大学出版社，2009 年，第 68 页。

②　麦乔治·邦迪：《美国核战略》，世界知识出版社，1991 年，第 11 页。

于 92 的、新的超铀元素。但是后来人们才明白，他们实际发现的是铀的裂变现象。1934 年 10 月，费米发现，中子通过石蜡减速后再射击原子核，比直接射击所产生的核反应要强 100 倍。这种慢中子的发现，为核能的释放和利用提供了又一个必要条件。

1938 年，原子裂变现象被德国物理学家哈恩和斯特拉斯曼发现。他们发现了质量仅为铀的一半的新元素钡，当把钡元素加到中子轰击过的铀元素中时，它可以带出一些新的放射性物质。哈恩和斯特拉斯曼开始并未完全领会他们所观察到的反应的本质，因此没有立即发表他们的成果，而是写信给原来的同事迈特纳，请求帮助。迈特纳认为，这是铀原子核分裂的结果，并把这种分裂称为"裂变"。哈恩和斯特拉斯曼的试验显示，裂变不仅仅释放了许多能量，也释放了多余的中子，这些中子可以导致其他铀原子核的裂变，也可能导致一个自身的链式反应，并且能够释放巨大能量，这就预示着发生原子核裂变链式反应将成为可能。1939 年 1 月 27 日，丹麦科学家玻尔在华盛顿理论物理学讨论会上宣布了哈恩和斯特拉斯曼的发现，以及迈特纳的解释，立刻引起了轰动。[1] 在巴黎，哈恩的观点很快被约里奥及其同事用试验证明，同时在纽约为齐拉特和费米所证明。截至 1939 年年底，大约有 100 篇关于裂变的文章发表在科学杂志上。

原子裂变等一系列重大发现具有划时代意义，它为人类开辟了一种新能源——核能。核能主要有作为能源和作为武器的两方面用途，如果能够有效控制裂变速率，使裂变反应能自动、持续进行，释放出的能量就可作为强大的动力造福于人类。如果对核反应速率不加控制，就会发生强烈爆炸，成为毁灭性杀人武器。其实，早在 1903 年，卢瑟福的合

---

① 王玉仓：《科学技术史》，中国人民大学出版社，2004 年，第 350 页。

作者弗雷德里克·索迪就对原子能量提出大胆猜想："很有可能一切重物质——潜伏的，与原子结构密切相关的——与镭所具有的类似数量的能。如能够加以开发和控制，它将成为何等重要的决定人类命运的力量！谁第一个掌握了吝啬的大自然借以严格控制的这一能源库的释放数量的杠杆，谁就会拥有一种可以毁灭地球的武器，如果他想这样干的话。"① 只不过在 20 世纪 30 年代，科学家对原子能利用问题还只是处于猜想阶段。1939 年以前，物理研究与政治毫不相干，物理学是人类智能与自然竞赛的"纯"科学，目的不是改变世界，而是认识世界。核裂变的发现及其巨大的应用价值，伴随着 9 个月后纳粹军队进入波兰的历史背景，给人类提出许多前所未有的问题：核裂变是否会影响即将发生的战争？核裂变有怎样的军事含义？在如此背景下，科学家要承担怎样的历史责任？

二、欧洲早期的核武器研究

在欧洲，由于物理专业的学生可以自由流动，自由寻找名师，各国早期的核物理学发展几乎是齐头并进的。一个成果出现后，几乎在同一时间，各个国家都会产生相同的研究成果。

（一）德国的原子能计划

德国很早就开始了原子弹计划。在第二次世界大战前，德国在核技术上处于领先地位。1939 年 4 月 24 日，汉堡大学的哈特克博士写信给德国陆军部，建议研制核原子弹。他在信中写道："我冒昧地请你们注意在核物理方面的最新发展。我们认为这些发展将使人们可能制造出一种威力比现在的原子弹大许多倍的原子弹。……显然，如果上述可能性

---

① 麦乔治·邦迪：《美国核战略》，世界知识出版社，1991 年，第 9 页。

可以实现——这肯定是在可能的范围之内的——那么，首先利用这种原子弹的国家就具有一种超过其他国家的无比优越性。"① 哈特克的这封信最终到了核物理学家汉斯·盖革手中。汉斯·盖革建议立刻展开研究工作，陆军部同意了这个建议。在同一个星期，哥廷根大学一位物理学家提醒德国教育部注意此事。于是，柏林于 4 月 29 日召开秘密会议，制订了一个研究计划，颁布对铀出口的禁令，以及制订由捷克斯洛伐克的约阿希姆斯塔尔矿向德国供应镭的计划，这次会议让德国的原子弹生产获得部分原料保障。

物理学家海森堡参加了 9 月 26 日举行的第二次柏林会议，并且讨论了两种利用裂变能量的可能方法。这次会议最重要的结果就是，确定了核研究工作中的分工问题。陆军部的迪博纳尔和年轻的物理学家巴奇为第二次会议制订了一份计划概要："从事利用核裂变试验的准备工作计划。"海森堡将主持理论研究工作，巴奇将测量氚的撞击截面，以此确定重水使第二代中子减速的有效性，哈特克将研究同位素的分离，其他人将进行试验以确定其他重要的核常数。陆军部接管了威廉大帝物理研究所，进行核物理研究。这个研究所 1937 年建成，设备精良，有足够的研究资金。

第二次世界大战初期，德国也通过不断攫取占领地的方式，占有发展原子弹所必不可少的资源。1940 年 5 月 3 日，德军攻占了挪威南部城市留坎，占据了韦莫克重水工厂。在攻取比利时后，德军又获取了比属刚果交付的数以千吨计的铀矿石。此时，德国已经拥有举世无双的化学工厂和能干的物理学家、化学家和工程师，唯独缺少一台可用于测定核常数的回旋加速器，而 1940 年 6 月法国的陷落则满足了德国的这个

---

① ［美］格罗夫斯：《现在可以说了》，原子能出版社，1978 年，第 200 页。

需要。

如果说第二次世界大战初期德国原子弹计划的顺利开展得益于德军在战场上的迅速获胜，那么后来德国原子弹计划的进展缓慢，也与其战场形势变化密切相关。1941 年 12 月 6 日，苏德战事进入关键阶段，朱可夫将军指挥苏军，在 200 英里宽的阵地上对身处 -30℃ 雪地中的德军发起反攻。此时德国经济已经达到扩展极限，只能有所取舍。海森堡说："1942 年，德国的工业负担能力已经到达极限。1941—1942 年冬，德军在俄国屡遭重创，而敌人的空中优势已开始显示神威。紧迫的军备生产所用的人员和原料均不得抽调，原子弹工程所需的巨大场馆也不可能得到有效防护免遭敌人的空袭。最后也是最重要的事实，在负责德国战争政策的那些人的心理状态下，这项工程恐怕连上马都不可能。这些人指望速战速决，甚至在 1942 年还这样想，任何无望速见成效的重大项目都是特禁对象。"①

由于科学家对何时能够制造出原子弹没有把握，德国决定放缓原子弹研究。德国军工生产总管艾伯特·斯佩尔回忆道："我问海森堡怎样将核物理学应用于制造原子弹，他的回答无论怎么说都不是令人鼓舞的。他宣称，的确，科学解决办法已经找到，在制造原子弹上，理论障碍已经全部清除。但生产原子弹的技术上的必要条件要几年时间才能发展齐备，最快也要两年，即使这项计划得到最大的支持。……无论如何，给我的印象是，原子弹不可能对这场战争的进程产生任何影响。"②

而且，对希特勒来讲，他并不完全相信神奇武器。阿尔贝特·施佩尔回忆说，希特勒"对一切革新极不信任。这些革新，如喷气式飞机

① 麦乔治·邦迪：《美国核战略》，世界知识出版社，1991 年，第 32 页。
② ［德］阿尔贝特·斯佩尔：《第三帝国内幕》，邓蜀生等译，生活·读书·新知三联书店，1982 年，第 226 页。

和原子弹，超过了第一次世界大战的经验，并预示一个他不能了解的时代"①。相对而言，希特勒只相信他在第一次世界大战当战士时凭实际经验所信任的武器——坦克、潜艇，而且他部分相信戈林正在奋力研制的飞机。另外，希特勒对专家深怀戒心，对学术界人士更加不信任，特别是核物理学家大多数是犹太人，他对核物理学家抱着仇视的看法，病态的反犹情绪使他将核物理学称为犹太物理学。

另外一个具有决定性影响的因素则是德国特别容易受到轰炸。无论是处理 U235 的工厂还是处理钚的工厂，都规模较大，而且由于这些工厂的生产性质，德军也没法对其进行有效伪装，而这样的工厂绝对是首先被攻击的目标。德国陆军部最终决定，把铀的大部分研究工作交由伯恩哈德·卢思特领导的教育部，以降低铀研究的优先地位。事实上，德国的铀计划已经放缓停滞，直到 1945 年年初，德国才建成一座不大的次临界装置，而在美国，此时第一颗原子弹的研制已经成功在即。

（二）英国的原子能研究

尽管美国是第一个成功研制原子弹的国家，但"英国是第一个决定制造原子弹的国家"。② 20 世纪，被称为原子核物理学之父的欧内斯特·卢瑟福就一直在英国工作，他所在的剑桥卡文迪什实验室对欧洲核物理学的发展产生了巨大的影响，为英国制造原子弹提供了得天独厚的技术优势。"1939 年英国科学家在两个方面处境优越：他们有着相当多的杰出物理学家，而这些物理学家能够与政府进行有效的沟通。著名科学家是大臣们的官方顾问，英国权势机构的非正式渠道既多又活跃。"③

---

① 麦乔治·邦迪：《美国核战略》，世界知识出版社，1991 年，第 29 页。

② Andrew J. Pierre, *Nuclear politics: the British experience with an independent strategic force*, 1939—1970, London: Oxford University Press, 1972, p. 9.

③ 麦乔治·邦迪：《美国核战略》，世界知识出版社，1991 年，第 34 页。

"英国在战时条件下开展核研究的原因在于，纳粹德国对英国国家安全造成威胁。"①

1940 年 4 月，英国政府成立了一个负责核研究的委员会，即莫德委员会，隶属空军飞机工业生产局（The Ministry of Aircraft Production），主席是约瑟夫·汤姆逊，所以该委员会也叫汤姆逊委员会，其成员包括查德威克等一大批核物理学家。1941 年 7 月，莫德委员会提交了第一个报告，该报告指出："制造原子弹的计划是可行的，并有可能导致战争的决定性后果。"② 8 月，该报告被抄送给丘吉尔首相的私人科学顾问彻韦尔勋爵。在丘吉尔的指令下，英国政府成立了相关科研机构，积极开展旨在研究原子弹的"管合金"计划，由枢密院大臣兼战时内阁成员约翰·安德森主管，"管合金"计划也由此成为世界上最早的核研究计划。

由于英国政府的支持，以及科学界和政府沟通的畅通，英国的原子能研究从一开始就具有较强的整体性。英国在伦敦成立了以帝国化学工业公司总裁华莱士·艾克斯爵士为首的秘密理事会，由迈克尔·佩林担任其助手，负责组织协调整个原子弹研制项目。为了掩人耳目，秘密理事会对外称为"管合金局"。

另外，英国政府还向核研究计划提供了充足的资金支持。"管合金"计划展开后，得到了政府的大批拨款，"管合金局"由此购买了一批先进的实验设备。在"管合金"计划开始后的一年中，英国无论是在原子弹的结构上，还是在稀有铀同位素的分离方法上，都卓有成效，

---

① Andrew J. Pierre, *Nuclear politics: the British experience with an independent strategic force*, 1939—1970, p. 47.

② 此报告的影印件见：Peter Hennessy, *Cabinets and the Bomb*, Oxford: Oxford University Press, 2007, pp. 31-34.

这一时期堪称英国的核研究鼎盛时期。

然而，随着德国对英国的空中轰炸和侦察不断升级，在英国本土建立研制原子弹工厂的希望变得渺茫，而且也变得十分危险。1943 年夏，"在英国工厂建好之前，欧洲战场的战争就肯定已经结束，这一点已很明显"[1]。"英国的技术和战争资源由于战争的消耗已经变得十分薄弱。"[2] 在这种情况下，英国不得不走上寻求与其他国家建立核合作的道路。

（三）苏联核研究的起步

苏联科学家对核物理学的研究起步也很早。1900 年，波兰科学家玛丽·居里刚刚发现铀矿石中的强放射性元素镁和镭，在此后几年间，俄罗斯科学家昂迪波夫就开始了中亚铀沉积物的研究工作。1918 年 9 月 24 日，刚刚取得政权的苏维埃政权就在列宁格勒创立了第一个国立 X 射线与辐射研究所（后来改名为"物理技术研究所"）。这个研究所里会聚着一批富有才干的科学家，展开对原子核有组织的研究工作。1921 年，在苏联科学院院士维尔纳德斯基的指导下，苏联开始对国内天然矿物资源进行勘探。一年后，苏联在列宁格勒建立了镭研究所。在 20 世纪 20 年代和 30 年代，该研究所一直推动着原子核能研究开发工作。20 世纪 30 年代初期，苏联科学家塞内尔涅可夫等在英国剑桥大学卢瑟福领导的实验室工作，学习欧洲先进的核科学技术。1931 年，塞内尔涅可夫从剑桥返回苏联，迅即组织了核小组，这个小组包括后来被称为苏联"原子弹之父"的著名物理学家库尔恰托夫，核小组积极展

---

① Andrew J. Pierre, *Nuclear Politics: the British Experience with an Independent Strategic Force 1939—1970*, pp. 46—47.

② 麦乔治·邦迪：《美国核战略》，世界知识出版社，1991 年，第 146 页。

开了大量富有成效的学术活动。1940 年 7 月 30 日，苏联科学院主席团成立了铀问题委员会，负责指导全国各研究机构有关"铀问题"的研究工作。

然而，1941 年 6 月，在德国发动侵苏战争后，苏联的核计划不得不停顿，许多核物理学家被迫接受其他任务，但是有关英国、美国和德国研制原子弹的传闻也不时进入苏联。1942 年，在苏联伏龙芝空军基地服役的中尉弗雷洛夫注意到，西方期刊不再发表有关核裂变的文章，他据此认为，这极有可能是一种信号，即西方已经在理论和实验工作的基础上开始了制造原子弹的秘密计划。4 月，他致信斯大林，明确提出："我们应该毫不迟疑地制造原子弹。"几乎在同一个时间，苏联国防委员会开始对苏联情报和警察首脑贝利亚呈送斯大林的一份长达 5 页的备忘录进行评估，这份备忘录中列举了西方国家研制原子弹的秘密情报。然而由于卫国战争的紧张状态，苏联一直无暇顾及核研究。1943 年 2 月，苏联度过了卫国战争最艰难的时期，库尔恰托夫被召回莫斯科，并且受命负责恢复核裂变和原子弹的研制工作，建立一支精干的研究队伍，恢复原子能研究所的工作。

三、美国研制核武器决策

（一）布格里斯铀委员会成立

与在战火中不得不停止核武器制造的欧洲各国相比，美国发展核武器有其独特的优势。首先，大量科学家涌入美国，为美国提供了充足的核物理学人才。1933—1941 年，约有 100 名难民物理学家来到美国，其中大多数来自德国和奥地利。[1] 这些流亡的科学家大多数是年轻人，并

---

① 麦乔治·邦迪：《美国核战略》，世界知识出版社，1991 年，第 48 页。

且是该研究领域的佼佼者。其中就有因为受到纳粹的迫害，而于 1938 年离开柏林，来到美国普林斯顿尖端科学研究所工作的爱因斯坦。1938 年意大利通过各项反犹太人法律后，意大利科学家费米也辗转斯德哥尔摩，最后来到哥伦比亚大学工作。这些欧洲优秀的物理学家最初因为是移民身份，不被允许研究当时最机密的一些科研项目（比如雷达），但这样反而使他们可以积极投入核物理领域的研究中。其次，这些流亡科学家比美国本土科学家更容易体会到核裂变的军事价值。他们来自欧洲，对德国科学家非常尊重，但这更让他们感到害怕——至少他们有些人猜想到最坏的结果：德国的科学家和工程师将会不顾现有困难，在德国政府的大力支持和鼓励下尝试发展原子弹。

1939 年夏，尽管核物理学研究不断深入，而且国际形势日渐紧张，但美国内部并没有哪个政府部门关心两者的潜在关系。与政府的漠不关心相比，移民美国的欧洲科学家对这两方面却有着敏锐的嗅觉，他们最先向美国政府提出发展原子弹的建议。匈牙利科学家齐拉特和威格纳十分担心德国会占领比利时，霸占比属刚果提供的铀矿石，他们敦促美国政府积极发展原子武器，以此遏制德国的侵略。1939 年 8 月，齐拉特和威格纳拜访了爱因斯坦，希望爱因斯坦可以帮助他们。爱因斯坦十分重视齐拉特和威格纳的建议，立即动笔给比利时女王以及美国总统罗斯福写了两封内容相同的信。1939 年 10 月 11 日，莱曼公司副总裁亚历山大·萨克斯博士将爱因斯坦的信交给了罗斯福，这是送交给一位国家元首的关于利用核能制造武器的可能性的第一份权威性报告。① 爱因斯坦在这封信中写道："我了解到，德国已经停止了从其接管的捷克斯洛伐

---

① 理查德·罗兹：《原子弹出世记》，世界知识出版社，1990 年，第 338 页。

克矿区出售铀。"① 这个观点引起了罗斯福的高度重视，罗斯福将这封信交给了其助手沃特森，并警告说："需要注意。"② 爱因斯坦在信中提出，要在政府和物理学家之间建立一种长久联系，希望罗斯福委托一位他信得过并且有科研能力的人承担联系任务。这个人需要让政府了解铀弹的发展状况，为政府的各项原子政策提供意见，并且要保护美国铀矿的供应，而且还要为实验和工业生产提供资金支持。根据爱因斯坦的提议，罗斯福认定有必要成立一个铀委员会，专门研究铀裂变与国家防御之间的关系，这个委员会由国家标准局③局长布格里斯担任主席。

在罗斯福与萨克斯博士会面十天后，布格里斯铀顾问委员会在华盛顿召开第一次会议，有 9 个人参加了会议，包括布格里斯及助手、萨克斯、齐拉特、威格纳、特勒、罗伯茨，以及代表陆军的亚当森和代表海军的胡佛。但在这次会议上，军事代表对科学家的提议不以为然。陆军代表亚当森认为："我们可以生产一种新式武器来对国防做出重要贡献的想法是过于天真了。""如果要生产一种新式武器，一般需要经过两次战争才能知道这种武器是行还是不行。……最终决定战争胜负的不是武器，而是部队的士气。"④

1939 年 11 月 1 日，针对第一次会议的结果，布格里斯铀委员会向总统提交一份报告，强调继续探索受控链式反应，以此作为"潜艇的连续动力源"。此外，报告还写道："如果证实反应具有爆炸的特性，

---

① Edited by Michael B. Stoff, Jonathan F. Fanton, R. Hal Williams, *The Manhattan Project：A Documentary Introduction to the Atomic Age*, Temple University Press, 1991, p. 19.

② Martin J. Sherwin, *A World Destroyed：Hiroshima and its Legacies*, Stanford University Press, 2003, p. 27.

③ 国家标准局是在 1901 年根据国家法令成立的，是这个国家的物理实验室，负有为国家的利益和公众的福利而运用科学和技术的责任。

④ 理查德·罗兹：《原子弹出世记》，世界知识出版社，1990 年，第 352 页。

则可能用以制造远比目前所知的任何东西都具有更大破坏力的原子弹。"委员会还建议："对彻底研究给予适当的支持。"① 在开始时，政府可供应 4 吨纯石墨（确保费米和齐拉特能够对碳的俘获界面进行测定），如果以后证实确有需要的话，再提供 50 吨氧化铀。布格里斯铀委员会批准了 6000 美元资助计划，在芝加哥大学建立世界上第一个核反应堆。科学家迈克尔·科特指出："对一个基本上要花费 20 亿美元的工程来说，这些钱是很少的一部分。"由此可见，美国政府并没有在实践中真正重视核研究的发展。②

科学家第一次联名上书，虽然推动了布格里斯铀委员会成立，但是并未达到他们所希望的结果，即迅速进行核武器研究。其原因在于，就当时的科学研究进展来看，科学家不能确保会取得成果。1939 年，在费米开始第一次控制核连锁反应试验的前三年，费米估计这一过程非常"遥远"，"只有 10% 的机会"成果。③ 不管是费米、玻尔还是哈恩，所有的诺贝尔奖得主都强调分开原子能理论推测与实验技术现实的遥远距离。尽管战争使每个国家的核科学家们都在思考裂变的军事潜力，但他们几乎都认为科学和技术的问题十分烦琐复杂，在短期内不可能解决。参加华盛顿一个研究项目的希尔教授认为："最终铀研究出现实践性的成果并不是不可能，但是至少现在看不到这个希望。"④ 在不能确保成果的情况下是不能保证资金供应的。少数主张致力于核裂变可能性研究的人士也陷入了逻辑困境：要决定是否裂变是发展重要武器的基础，需

---

① 理查德·罗兹：《原子弹出世记》，世界知识出版社，1990 年，第 353 页。

② Wilson D. Miscamble, C. S. C., *The Most Controversial Decision: Truman, the Atomic Bombs, and the Defeat of Japan*, Cambridge University Press, 2011, p. 7.

③ Martin J. Sherwin, *A World Destroyed: Hiroshima and its Legacies*, p. 17.

④ Martin J. Sherwin, *A World Destroyed: Hiroshima and its Legacies*, p. 35.

要展开重大调研，这样的调研需要大量的财政支持；但是如果没有实在证据能够证实成功有把握的话，陆军、海军或者任何民用机构都不可能提供这样的支持。另外，虽然移民科学家积极游说美国政府展开核武器研究，但是其移民身份使他们无法得到信任，许多联邦官员并不想采纳这些流亡科学家的意见。在费米与海军讨论核裂变之后，布格里斯铀委员会中的一位美国本土科学家接到一个电话："费米是谁？是法西斯主义者还是什么？他是什么？"一年后，1940 年 4 月，布格里斯告诉萨克斯，齐拉特和费米无法接到布格里斯铀委员会会议邀请，因为"这些事情是机密的"。[1] 这样的官僚行径伴随着原子能项目决策过程，直到战争结束。1939 年春夏，是否修改《中立法》，成为孤立主义者与集体安全体系支持者之间斗争的焦点。而在欧洲局势日趋紧张的情况下，罗斯福需要小心翼翼地采取行动来对付国内的孤立主义力量。在核研究事务上，可用来调动的科技和财政资源本来就很有限，而美国有效的资源又需要用于指导发展最有用的武器，前景尚不明朗的核武器并不是其优先考虑发展的对象。

在布格里斯铀委员会召开第一次会议后，美国的原子武器研究计划陷入了停滞状态。齐拉特回忆说，第一次铀委员会会议后的几个月是"我一生中最为着急的一段时间"。"我们没有来自华盛顿的一点消息……我本以为一旦我们证明在铀裂变中放射出中子，就不难使别人发生兴趣；不过我的想法错了。"[2] "布格里斯铀委员会"在 11 月 1 日提交的报告，实际上被悄无声息地存放在罗斯福的档案中，直到 1940 年。

---

① Martin J. Sherwin, *A World Destroyed: Hiroshima and its Legacies*, p. 30.
② 理查德·罗兹：《原子弹出世记》，世界知识出版社，1990 年，第 369 页。

（二）罗斯福决定发展核武器

科学家的第一次联名上书虽然没有唤起总统和布格里斯铀委员会的足够重视，但却引起了美国国内部分人的关注。

首先，重提制造核武器的人是罗斯福的助手沃森。1940年2月初，沃森将军向布格里斯询问核武器研究的新进展，布格里斯回复说，已经拨出6000美元的经费，支持费米研究中子在石墨中的吸收，"这是关键性的一步"，将决定"这个计划是否有实用意义"。①

其次，美国本土科学家开始认识到铀研究的重要性，为制造原子弹积极展开游说活动。1940年6月12日，麻省理工学院副院长万尼瓦尔·布什与罗斯福见面，敦促总统成立一个新的委员会推动美国防御研究，找到新的机会，使科学能够满足即将到来的战争需要。② 这次会面后，布格里斯铀委员会被归入新的国防研究委员会，直到1941年7月以前，该委员会一直对原子能规划负主要责任。虽然布什很快组织了铀研究小组，并吸收了一些顶级科学家，但是美国科学家在制造原子弹这件事情上依旧缺乏紧迫感。他们虽然熟悉原子能的军事应用，但是由于美国并未卷入战争，他们并不认为军事应用是所有铀研究工作需要指向的目标。布什的游说虽然使铀研究的基金有所增加，但即使增长后的研究基金也远远无法满足原子弹研究的需要。1940年7月1日，布格里斯交给布什一份工作总结，报告说拨款的10万美元已经用于研究U-235的分离，剩下的项目——研究链式反应的可能性——仍然需要资金投入。布格里斯建议国防研究委员会拨款14万美元用于两项试验工作：第一，用来确定在裂变过程中更为准确的基本物理常量；第二，用来研

---

① 理查德·罗兹：《原子弹出世记》，世界知识出版社，1990年，第369页。

② Martin J. Sherwin, *A World Destroyed: Hiroshima and its Legacies*, p. 31.

究控制链式反应——这是研制原子弹过程中最为重要的技术问题。最终，国防研究委员会只同意分配 4 万美元给原子能项目。

与美国国内科学家的游说不受到重视相比，英国此时在战争中的处境和需求对美国发展原子弹的决策发挥了至关重要的作用，因为英国出于军事目的研制原子弹的需要，要比美国紧迫得多。1940 年，欧洲战场战事紧张，法国败降，英国不得不独自承担抵抗纳粹德国侵略的重任，没有任何国家比英国更迫切地想要制造出军事上的"绝对武器"。此外，英国认为美国有更大的工业基地，并且远离战争，将是一个比英国更适合开展裂变研究的地方。1940 年 9 月，丘吉尔派亨利·蒂泽德带领一个专家代表团去美国，目的是争取美国援助。这个代表团带来了许多英国战时的科技机密，包括雷达装置以及英国核计划信息。在这次访问中，英国科学家约翰·科克罗夫特与美国科学家欧内斯特·劳伦斯、艾尔弗雷德·卢米斯在卢米斯的私人实验室召开了一次会议，这次会议为麻省理工学院建立新的国防研究委员会大实验室奠定了基础。为了保密，这个实验室被命名为"辐射实验室"。

1941 年夏，因为一份莫德委员会的报告，也因为欧洲战场的新形势，美国在制造原子弹的问题上出现重大转机。英国莫德委员会于 1941 年 7 月 15 日批准了一份报告，这份报告包括铀研究的主要成果，并且提供了用于军事目标的明确计划。该报告认为制造一颗有效的铀弹是可能的，并且估计铀弹将含有约 25 磅的有效材料，在爆炸力上相当于 1800 吨的当量的炸药，而且还将释放出大量放射性物质。一座每天生产 1 公斤的铀 235 的工厂，造价大约为 500 万英镑。虽然制造原子弹需要很大一笔费用，但是委员会认为，它对敌人在物质方面和士气方面的破坏力是巨大的，因此应该尽一切努力来生产这种原子弹。委员会认为，第一颗原子弹所需的材料可以在 1943 年年底生产出来，即使战争在铀弹制造出来以前就已结束，这种努力也不会白费，因为没有一个国家愿意承担风险，不去掌控这种极具破坏威力的武器。该报告提出三条建议：

（1）委员会认为发展铀弹的计划是可以实现的，而且很可能对战争导致决定性的结果。

（2）委员会建议这项工作应以最优先的地位并以不断扩大的规模继续下去，以便能在最短时间内制造出这项武器。

（3）应将目前同美国的合作继续下去，特别应扩大实验工作领域中的合作。①

英国在 1941 年 10 月初，把莫德委员会的最后报告交给美国政府，并且寻求英美之间的铀弹合作。1941 年秋，英国派核物理学家马克·奥利芬特飞到美国，商谈铀弹事宜。而正是奥利芬特的此次行程，对美国决定研制原子弹产生了重要作用。时任哈佛大学校长的科南特认为，铀计划在 1941 年秋改变方向的"最重要原因是，来自各方面要求迎头解决铀问题的主张声势更大、更为坚决"。奥利芬特先去华盛顿拜访了布格里斯，然后和铀委员会开了一次会，接着去找劳伦斯，劳伦斯的态度对"布什有很大的分量"②。但是更重要的是，驻渥太华的英国科学联络官 G. P. 汤普森 10 月 3 日正式向科南特递交了莫德委员会报告。10 月 9 日，还没等到国家科学院第三次审议报告出台，布什就把这份报告直接交给总统。与爱因斯坦的信相比，莫德委员会的报告激起了罗斯福更有力的回应，罗斯福似乎已经意识到德国有成功制造核武器的危

① 理查德·罗兹：《原子弹出世记》，世界知识出版社，1990 年，第 415 页。
② 理查德·罗兹：《原子弹出世记》，世界知识出版社，1990 年，第 424 页。

险。最终的讨论结果，就是用一个新的小组取代铀委员会。这个小组所掌管的职责是："向总统提出与核裂变研究相关的政策问题。"小组成员包括布什（新成立的科学研究与发展办公室主任）、科南特（新任命的国防研究委员会主席）、陆军部长史汀生和参谋长马歇尔。罗斯福为了使自己对这一问题的兴趣制度化，特意任命了一个私人联络员——副总统华莱士，他在罗斯福新政时期曾担任农业部长，他对科学的态度为他在科学家中赢得了"内阁中最清醒头脑"的美誉。[1] 新小组的成立，充分显示了罗斯福对原子能问题的高度重视。布什所陈述的内容，主要是英国人的计算和英国人的结论，因此这样的陈述当然使人觉得，英国在这个领域里走在了美国的前面，于是讨论转向美国如何与英国的计划相配合。罗斯福迅即写信给丘吉尔，寻求在英美之间展开更进一步的合作。这次会议除决定建立机构负责原子弹研究外，还讨论了与英国在生产原子弹领域的合作、原子弹保密问题、战后原子弹控制问题，以及德国可能已经开始制造原子弹的问题等。

莫德委员会的报告给美国制造原子弹的进程带来曙光，但是罗斯福决定制造原子弹，还有更深远的考虑：原子秘密潜存于自然界中，任何国家都可能掌握，因此，美国不仅仅是与德国展开竞赛，这也是科学与时间的竞赛，罗斯福一开始就将时间问题作为主要的考虑因素。他在1942 年给布什的一封信中写到："整体事情的推动应不仅仅考虑发展问题，也要考虑时间问题。"[2] 在布什的备忘录中，还有一些迹象表明，与应对德国在原子弹制造方面的挑战相比，罗斯福对这种具有决定性破坏作用的新型战争工具的长远影响更为关注。"我们相当详细地讨论了

---

[1]　Martin J. Sherwin, *A World Destroyed：Hiroshima and its Legacies*, p. 36.

[2]　*the Manhattan Project：A Documentary Introduction to the Atomic Age*, p. 26.

战后的控制问题", 布什写给科南特的信说, "还有原材料的来源问题"（当时认为原材料的来源地少而且很远, 看来谁能掌握原料来源谁就可以垄断这种原子弹）。罗斯福的考虑已经越过了要为这场美国尚未进入的战争发展原子弹的问题, 他想的是一种将改变世界政治组织的新军事发展。1941 年 11 月, 美国将铀研究业务归入科学研究与发展局。就在日本偷袭珍珠港的前一天, 罗斯福批准了一项拨款计划, 用于充分利用技术资源研制核武器。

第二节　美国核武器研制与管理

一、"曼哈顿工程"与核安保机制

从 1941 年 10 月 9 日白宫会议开始, 美国的原子能行政机构实际上就已形成。在那次会议上, 罗斯福成立的最高政策小组, 就由科学家—军官—政府三者联合构成, 政策小组中科学家和军官平分秋色, 这一格局奠定了美国原子弹研制管理机构军民共管的基调, 该小组对原子弹制造全权负责。

1942 年 6 月 17 日, 布什送交罗斯福总统一份关于原子弹计划的详细报告。在这份报告中, 布什提出, 美国军队必须接受建设裂变材料工厂的重任, 因为这是制造原子弹所必需的。总统立即批准了布什的建议, 制造原子弹的责任遂移交给陆军部。第二天, 詹姆斯·马歇尔上校就得到斯太尔将军的指示, 要他组织一个新的工程区, 以便执行陆军在发展原子能方面的职责。马歇尔上校还得到通知, 他可以得到陆军部的全力支持，而且他的要求将会优先于其他任何计划。因为马歇尔上校的办公室曾经设在纽约城的曼哈顿区，因此该工程亦被冠名为"曼哈顿工程"，并以此为人所熟知。马歇尔上校从部队调来了许多正规军军官，以补充非科学人员队伍。所补充的非科学人员大多数是在工程兵团服务多年的文职人员，他们熟悉政府机关的办事手续，经历和能力都为人熟知。这些被调来的军官在陆军中保留原职，他们成了项目的坚固核心，并在其中发挥了重大作用。

从 1943 年起，陆军部长史汀生承担起直接领导整个工程的责任，从那时起，他就成为总统关于原子能事务的高级顾问。但是史汀生还有其他许多繁重任务，事实上，他只能用公务之余的很少时间关注原子弹发展的问题，直到 1945 年春，原子能发展才变成史汀生工作的中心。同样，陆军参谋长马歇尔与此项目的日常管理也没有直接联系，副总统华莱士也只是作为主要的联络员和协调员，负责与总统沟通。因此，在整个战争期间，赋予这一伟大事业以生命力的人只剩下布什、科南特以及格罗夫斯，在参与原子弹发展的科学家以及直接对总统负责的政策制定者之间，他们占据着关键位置。

为确保最高政策小组、总统顾问以及军官之间的工作协调，科学研究发展局成立了原子能执行委员会，科南特被任命为原子能执行委员会主席，该委员会的其他成员还有布格里斯、哥伦比亚大学尤里、芝加哥大学康普顿、加州大学放射实验室劳伦斯等。其中，默弗里从纽约标准石油发展公司离职，作为原子能计划委员会主席，主要负责工程方面的小组，另外还担任三个主要研究原子弹的科学研究实验室的项目领导。1942 年 9 月 23 日，史汀生受最高政策小组的委托，主持成立了一个由科学研究发展局、陆军和海军三方代表组成的军事政策委员会

（Military policy committee），作为原子能事业的监督机构。军事政策委员会主席为布什，陆军代表为军队供应服务参谋长斯太尔少将，海军代表是海军作战部长助理参谋长珀内尔少将。与此同时，美国、英国、加拿大还组成联合政策委员会（Combined policy committee），作为特别顾问小组，以便于为美国政府以及其他参与该工程的政府协商决策提供制度保障。

1942 年 9 月，格罗夫斯晋升为准将，担任曼哈顿工程区的总管。格罗夫斯接受了陆军部长史汀生的命令，加快制造原子弹的步伐，"以便以最快速度结束战争"。① 在格罗夫斯成为"曼哈顿工程"的管理者之后，科南特作为原子能执行委员会主席的角色逐渐发生变化。在与该工程每一方的不断接触中，科南特逐渐变成一个非官方但却极有影响的人物，成为格罗夫斯的科学顾问，布什则通过科南特提交的内容详细的备忘录，来了解所有重要项目的发展。在战争中，原子能执行委员会的会议不再频繁召开，而格罗夫斯作为项目管理者所做的决定，开始逐渐重要起来。他的行为受军事政策委员会监督，军事政策委员会从复杂的管理网络中脱颖而出，成了"曼哈顿工程"最重要的经营委员会。

为了与"曼哈顿工程"的科学家更好沟通，科南特建议格罗夫斯选派一个委员会，检查洛斯阿拉莫斯实验室科学家的工作，同时也可以改善他与科学家的工作关系。科南特认为，科学家比较习惯于向类似学校领导所指派的委员会提意见。因此，要能采取这样的方式，就能得到科学家的赞同，因为一个具有崭新面貌的检查委员会所提的意见，也许更容易被科学家们接受。而如果是格罗夫斯直接提出的，就会被视为是

---

① Wilson D. Miscamble, *The Most Controversial Decision: Truman, the Atomic Bombs, and the Defeat of Japan*, p. 8.

对他们的干涉。格罗夫斯接受了科南特的建议，组织了检查委员会。这个委员会由马萨诸塞理工学院的 W. K. 刘易斯担任主席，成员包括琼斯·拉姆森公司的 E. L. 罗斯、哈佛大学的 J. H. 范弗莱克和 E. B. 威尔逊、国防研究委员会副主席查理·C. 托尔曼等。这个委员会的主要任务是向科南特和格罗夫斯以及军事政策委员会的其他成员，重新保证在洛斯阿拉莫斯实验室的计划和组织是妥善的。[①]

"曼哈顿工程"的技术总负责人是奥本海默，为了方便管理洛斯阿拉莫斯实验室的工作，奥本海默建立了管理委员会，由他本人、各部主任、领导行政工作的军官和个别担任重要技术工作的人员组成。关于本计划及其执行的一切事情，都在管理委员会的管辖范围内。因为洛斯阿拉莫斯实验室生活条件艰苦，在工程区还建立了公共生活顾问委员会，致力于改善生活条件。

这样，战时美国核管理机构基本上有了雏形，最高政策小组是最高决策机构，军事政策委员会是监督机构，原子能执行委员会是协调机构，检查委员会、管理委员会、生活顾问委员会等是执行机构。从决定将原子能应用于军事领域之日开始，美国就将原子能的管辖权锁定在最高权力层，最高决策小组直接对总统负责。从最高决策小组的成员组成来看，原子能事务一开始就处于科学家与军官的联合管辖内。格罗夫斯和军事政策委员会对"曼哈顿工程"实行了军事化管理，此举虽然使工程进度和纪律有了保证，但也使工程的主要工作人群——科学家产生了反感情绪，在一定程度上造成科学家与军事工作人员之间的矛盾。检查委员会的成立，缓和了这种局面，确保了工程可以更顺利地进行。管理委员会和原子能执行委员会主要负责工程的具体执行工作，在奥本海

———————————

① ［美］格罗夫斯：《现在可以说了》，原子能出版社，1978年，第131页。

默的指挥下，各个实验室能够紧密配合，克服了一个又一个技术上的困难。总之，"曼哈顿工程"的成功，与其完善的管理制度是密不可分的。

二、"曼哈顿工程"的设计与建设

（一）协办公司与学校

因为工程包含一些极端复杂的设计问题，并且工作量大，所以马歇尔面临的第一个问题就是要找到得力的协作单位解决面临的诸多问题。格罗夫斯向其建议斯通·韦伯斯特公司。因为"这个公司比大多数工程公司更善于同科学人员合作；是一个在工程和建筑方面都很擅长的大公司；很好地履行了所有和工程兵团订立的合同"。① 6 月 29 日，斯通·韦伯斯特工程公司的高级职员会晤了罗宾斯、马歇尔、尼克尔斯和格罗夫斯。他们当场拿到了委任书。

对于钚材料的制造，格罗夫斯选择了杜邦公司，因其具有丰富的化学和化学工程方面的知识，且工程质量高。1942 年 10 月 31 日，科南特和格罗夫斯在华盛顿与杜邦公司的负责人进行了谈话。他们向杜邦公司的工作人员介绍了当时原子能事业发展的形势，并说明了美国发展原子能事业面临的若干主要问题和需要从事此项工作的急迫情况。科南特和格罗夫斯还提出，必需的技术资料由芝加哥大学的科学家提供，杜邦公司可否在合理的期限内使一个大规模的工厂投入运行。② 杜邦公司的员工组成了行政委员会，在参观了芝加哥大学的实验室情况后决定承担政府的任务。杜邦公司接受的预约新合同包括一个大规模的钚厂设计、建

---

① ［美］格罗夫斯：《现在可以说了》，原子能出版社，1978 年，第 8 页。
② ［美］格罗夫斯：《现在可以说了》，原子能出版社，1978 年，第 36 页。

造和运行等内容。双方同意，杜邦公司应根据冶金实验室提供的技术资料进行一切工作，政府对工作的效果和在工作中可能发生的任何损害承担全部的责任。由于工作的性质牵涉到完全不能预料的和前所未有的危害，最后一项规定是必要的。①

原料供给也是亟须解决的重要问题。1942 年夏，马歇尔上校与许多公司签订了材料供应合同，其中最重要的是与马林卡罗特公司所签订的提纯氧化铀合同，与金属氢化物公司、西屋公司签订的关于氧化铀转化为制钚过程所需要的金属铀的合同。马歇尔努力健全组织机构，明确了几个单位的职责与相互关系，补充了一些工作人员等。

在曼哈顿工区成立以前，美国所有的铀矿石来自埃尔德拉多矿业公司，它在北极圈附近的大熊湖畔有一个铀矿。1942 年，格罗夫斯听说联合矿业公司的总经理秘密地将一批铀矿石藏在了曼哈顿附近，便向联合矿业公司购买了全部的藏于曼哈顿的铀矿石。这批矿石共有 1250 多吨，足够解决美国在战争期间制造原子武器的原料问题，为美国解除了后顾之忧。当然联合矿业公司并非曼哈顿工程区唯一的矿石供给者。1943 年秋，默里特前往比属刚果，考察在那个地区是否还有其他容易开采的铀矿。这次考察，让默里特收获了一个尾矿。虽然这个尾矿不如原来从刚果来的矿石浓度高，即便最差的刚果矿石也要远远好于加拿大或科罗拉多高原最好的矿石。

"曼哈顿工程"的协作企业与学校②（见下表）：

---

① ［美］格罗夫斯：《现在可以说了》，原子能出版社，1978 年，第 45 页。

② Edited by Michael B. Stoff, the Manhattan Project：A Documentary Introduction to the A-tomic Age, Temple University Press, 1991, p. 26.

承包人	承担项目	项目花费（美元）
西屋电子制造公司	实验离心机	12000.00
标准石油发展公司	用离心方法分离并设计试验工厂	10000.00
M. W. 凯洛格公司	用扩散方法分离并设计试验工厂	50000.00
金属氢化股份有限公司	购买30吨金属	400000.00
矿物和冶炼联合公司	水电解	5000.00
西屋电梯公司	与试验工厂相连的前期工程	10000.00
西屋电子制造公司	四米气体分离器	30000.00
西屋电梯公司	24个气体分离器	193000.00
西屋电子制造公司	电力装置	37890.75
标准石油发展公司	研究交换反应	75000.00
西屋电子制造公司	制造六吨金属	250000.00
标准石油发展公司	建造试验工厂	250000.00
加州大学	电磁方法和化学过程的关系	305000.00
哥伦比亚大学	用物理方法准备某些纯净的化学物质	212250.00
弗吉尼亚大学	化学研究	23500.00
芝加哥大学	管合金计划的物理方面	274500.00
普林斯顿大学	分离项目	140925.00
布朗大学	分离研究	35000.00
洛克菲勒医疗研究机构	移动方法分离同位素	10850.00
耶鲁大学	电磁分离方法	49000.00
乙基汽油公司	研究制造爆炸性"X"混合物的可能性	18000.00
艾奥瓦州立学院	研究制造爆炸性"X"混合物的可能性	17750.00
芝加哥大学	研究制造爆炸性"X"混合物的可能性	15000.00
标准石油发展公司	寻找合适的催化剂	75000.00
威斯康星大学	金属的快速爆裂	8900.00
明尼苏达大学	建造三个质谱仪	23000.00

（二）工程建设与控制

在找到了协作企业并且保证了原料供给之后，曼哈顿工程的各项工作开始紧锣密鼓、有条不紊地开展起来。整个工程有 16 项分支工程，集中了理论物理、实验技术、数学、辐射化学、冶金、爆炸工程、精密测量等方面的数百名优秀科技专家，以及数十万工程技术工人和勤务人员。曼哈顿工程有三个主要实验室：哥伦比亚大学的实验室由哈罗德·C. 尤里进行指导，科学家们主要从事从铀 238 中分离铀 235 的气体扩散法；芝加哥大学的冶金实验室主要研究方向为铀转化成钚；加州伯克利大学在劳伦斯的指导下，用电磁过程从铀 238 中分离铀 235。①

在格罗夫斯指挥之下，曼哈顿工程的三个研究和制造场地也发展起来，即田纳西州的橡树岭、华盛顿州的汉福德、新墨西哥州的洛斯·阿拉莫斯。前两个巨大的工程致力于制造炸弹所需的材料，不仅仅是铀 235，也包括钚 239。洛斯·阿拉莫斯基地作为武器研究和设计实验室以使用 U235 和钚来制造可用的炸弹。

（1）洛斯·阿拉莫斯

作为曼哈顿工程的总技术负责人，奥本海默需要结合美国境内所有的研究工作，这是十分耗时耗力的。他向格罗夫斯提出建议，炸弹物理学家们要集中在一个独立的实验室里，在这个实验室中所有研究者都可以与其他人进行接触，并且在那里该计划可以被更好地执行，安全问题也能被更好地处理。格罗夫斯同意了奥本海默的建议。而随着新实验计

---

① 铀在自然界中的同位素有三种形式：U234、U235、U238。其中制造原子弹的主要材料是 U235，但是其在自然界中的含量只有 0.7%，U238 的储量则为 99.7%（U234 含量极微少，可忽略不计），U238 不易发生裂变，甚至会阻碍链式反应的进行。很多人将注意力放在 U238 和 U235 的分离技术上，而当时应用比较普遍的是气体扩散法，但是此方法的成本昂贵。电磁分离法是后来发现的成本较低的分离技术。费米发现 U238 经过几次衰变，可以变成钚 239，而它比 U235 更容易发生裂变。

划敲定而来的首要问题则是实验室的选址问题。格罗夫斯和奥本海默认为这个新的实验室需要满足这样几个条件：首先，应该深入内陆，离国际边界至少 200 英里，这样才能免于敌人的空袭；其次，为了防止意外事件的发生，实验室需要远离主要的人口中心；同时为了安全起见，在地形上也应该是孤立的，最好像一只碗，周围是山，可以在高处建立围栏并设警卫①。然而这个地区也要容易接近，这样才能让当地的劳动力自由地补充；最后，水源、全年工作的气候条件也是必不可少的。经过格罗夫斯与奥本海默的一番考察，他们并没有发现理想的碗状地形。奥本海默看中了新墨西哥州的一块倒碗状的山地，它位于圣菲镇西北 20 英里，是一个人迹罕至的地方。奥本海默建议将此地作为工区的选址。1942 年 11 月，新墨西哥州洛斯·阿拉莫斯的这块山地被批准作为核武器工厂。

洛斯·阿拉莫斯实验室是"曼哈顿工程"中最大的，同时也是负责综合性任务的实验室。这里既承担原子弹的机理研究、设计和总装任务，也负责原子弹的试验工作，是整个曼哈顿工程的核心部分。1943 年 4 月 15 日，实验室举行落成仪式，汇集在一起的各类优秀科技人员有 1500 多人，后来又增加了几倍，被称为"前所未有的智者大会"。这些科技人员的平均年龄才 25 岁，但是有许多是世界一流的科学家。洛斯·阿拉莫斯由五部分组成：理论、实验物理、化学、兵器工程和管理。每一个部分都在 1944 年开展起来。格罗夫斯也引进了许多有科学或工程背景的军事人员以帮助缓解劳动力的短缺：到 1944 年 8 月，他们占到了工程总劳动力的 42%。② 在洛斯·阿拉莫斯，格罗夫斯建立了

---

① 理查德·罗兹：《原子弹出世记》，世界知识出版社，1990 年，第 508 页。

② Jeff Hughes, *the Manhattan Project*：*Big Science and the Atom Bomb*, Published by Icon Books UK, 2002, p. 66.

森严的沟通和责任等级，这让管理者和小组领导可以保持对此工作强力的领导。同时格罗夫斯还定期召开会议，评估不同小组的工作，并且订立目标，建立优先级别，进一步分配工作。

洛斯·阿拉莫斯的许多设备是通过协商向各大学借用取得的：哈佛大学提供了回旋加速器，威斯康星大学提供了两座范德格拉夫静电加速器，伊利诺伊大学提供了科克罗夫特·沃尔顿加速器。1943 年魁北克会议和海德公园会议后，更多的英国科学家加入"曼哈顿计划"中来。另外的帮助来自加拿大，主要为工程提供铀原料。

（2）橡树岭铀制造工厂

1943 年 2 月，铀的电磁同位素分离工厂，实验堆和钚制造工厂在田纳西州的柯林顿建造（也称橡树岭）。这里距诺克斯维尔 17 英里，公路适用，铁路便利，有一条小河提供了适当的水源，并且人口分散，没有市镇和村庄。在橡树岭，主要有一个电磁分离厂和一个气体扩散厂。电磁分离厂代号是 Y12，根据劳伦斯的电磁分离器原理设计，巨大的电磁铁总长度达 76 米，每块磁铁重达 3000～10000 吨，制造磁铁线圈用掉了 6000 吨白银，这些白银从美国财政部以贷款的形式提供。电磁分离厂是柯林顿工厂中人数最多的一个厂，也是开始建造和投入生产的第一个厂。它的第一批装置在 1943 年 11 月建立起来。在将近一年的时间内，它是唯一开工的工厂，而且在 1946 年 12 月 31 日以前，也是制造出最终生产物——原子弹所需的完全浓缩铀的唯一工厂。这一工程的建立是曼哈顿工程区的主要成就之一。1943 年 6 月在橡树岭又建造了一个气体扩散工厂。到了 1944 年春天，丰富的铀和钚样品被制造出来。1945 年年底，共生产了 20 千克武器级 U235。

（3）汉福德钚制造工厂

1943 年 4 月，钚制造大规模反应堆在华盛顿州的汉福德建立起来。

汉福德工厂沿着哥伦比亚河占据了670平方英里，邻近大古力水坝。这里是要安装以芝加哥大学原子反应堆为依据的特大型生产堆。生产的过程基本是将铀238放在反应堆中接受中子的照射，然后用化学方法从中分离出钚239。汉福德第一个反应堆在1944年9月变成临界。到1945年7月，共生产出60千克的钚239。1945年年初，汉福德生产的钚被运到了洛斯·阿拉莫斯。

1945年春、夏，橡树岭和汉福德工厂生产的核武器原料运至洛斯·阿拉莫斯。在奥本海默的指挥下，1945年7月份制成了三枚原子弹。其中一枚的装料为铀235，绰号为"小男孩"，有6英尺长，不足10000磅重，对兰开斯特和B29轰炸机来说是很容易载重的。另外两枚的装料为钚239，绰号"胖子"。为制造这三枚原子弹，"曼哈顿工程"直接动用的人力在巅峰时期达53.9万人，其中有10万是来自美国之外的国家的科技人员。在19个州以及加拿大建设和使用了37个装置。美国政府将其列为"最优先项目"。在不到三年的时间里，拨款一再追加，总计超过20亿美元。

（三）"曼哈顿工程"的评价

"曼哈顿工程"是美国科学史上意义最为深远的一个军事工程。它的政治、社会、道德、智力的反响对每个参与者的事业和政治觉悟都有着持续的影响。"曼哈顿工程"的成功是美国政府、军队、企业、科学四者紧密配合的结果。政府的大力支持，是"曼哈顿工程"得以成功的保障。陆军部将"曼哈顿工程"的优先级一再提升，直至最后成为"最优先项目"。在材料的使用方面，美国政府也是尽量满足"曼哈顿工程"的需要。1942年夏季，Y12电磁分离厂的初步设计表明其需要大量导体材料。因为"曼哈顿工程"对用于国防事业的铜的需要量超过了美国国家的供给量，美国政府决定用财政部借来的白银代替铜，以减少铜的用量。财政部的副部长贝尔为"曼哈顿工程"筹备了47000吨的银币，还有39000吨从银币库券的准备金中提出的白银。"曼哈顿工程"已经不仅仅是一个军事工程，而且牵涉到美国国家各个方面的国家工程。

军队在"曼哈顿工程"中扮演管理者的角色。为了使工程绝对保密，洛斯阿拉莫斯厂址有两层带刺的铁丝网，并且被严格看管；工人们戴着有色码的安全徽章。高级科学家要在工程区内使用给定的代码。同时工作人员如果由于某些原因离开此地的话，也要受到监视。这种绝对安全化的管理，虽然也引起了一些工作人员的不满，但是在战争的环境下，这种管理是必要的也是有效的。它保证了美国的原子弹计划的快速发展，并处于世界领先的地位。而"曼哈顿工程"的管理方式也为美国今后原子工业的管理树立了规范。

美国先进的科学力量与雄厚的工业基础是"曼哈顿工程"成功的前提条件。战争中大量欧洲移民科学家的到来，为美国的科学研究带来了新鲜的力量。美国国内自由的科学研究氛围也为原子科学的发展提供了肥沃的土壤。在战争的情况下，对法西斯德国科学发展的担忧，激发了这些科学家的责任感。他们抱着探险的精神来到了几乎与世隔绝的荒漠之中，克服了艰苦的环境以及生活上的诸多不便。他们通力合作，攻克了一个又一个理论和技术难关，创造出科技史上史无前例的集体攻关成果。美国的工业企业在"曼哈顿工程"中更是表现得十分合作。当美国政府希望杜邦公司接受钚工厂的建造时，杜邦公司起初因为其巨大的危害不愿接受工程。但是当杜邦公司得知此工程对国家的军事工业与安全至关重要，并且是极端保密的事情的时候，公司的大股东们在没有阅读工程文件的情况下，自觉地进行了投票决定，通过了接受工程的意见。而且杜邦公司在此项工程中不取利润。斯通·韦伯斯特公司为了建筑工作的需要征集了大约 40 万人，并从全国各地找来大批有经验的建筑人员担任重要职位。伊斯曼田纳西分公司为了完成它所担负的任务，立刻开始培训骨干，其中有一些人被送往伯克利，以取得操作实验设备的经验。

正是这些因素的紧密配合才造就了"曼哈顿工程"的辉煌。而"曼哈顿工程"中形成的管理方式，也对以后美国的原子科学发展、原子工业发展产生了重要的影响。"曼哈顿工程"使美国很多年轻的学者在这个工程里相聚，让年轻的博士们与美国和欧洲杰出的核物理学家们保持亲密的联系，他们更好地吸收了前辈们的知识和经验。战后，这些年轻学者成长为美国核物理学发展的中坚力量，这种继承，也是战后美国在核物理学保持领先地位的因素之一。

"曼哈顿工程"也为大学里的科学家与工业企业提供了密切配合的平台。所有参加"曼哈顿工程"的公司均有代表驻在伯克利实验室；50 多位主要专家从伯克利调到伊斯曼田纳西公司；另外有大批工程师和物理学家从实验室转往橡树岭，对设备的安装和运行提供了帮助。科学家与企业的频繁交流，加强了美国科学与工业的联系，企业在交流中可以更好地吸收最先进的科学研究成果，这有利于快速将理论成果转化成实际的工业产品。科学与工业积极交流方式的形成，对美国此后的工业发展都有所推动。

在"曼哈顿工程"中，美国政府给参与项目的工业企业以及学校提供了大量的资金支持，这为战后美国推动原子能发展提供了先例。战后美国成立了国家科学基金，对原子物理学研究继续给予雄厚的资金支持，这鼓励了原子物理学研究的发展，并且使在战争中参加"曼哈顿工程"的大学继续保持了该领域的优势，这些学校也成为美国进行科技冷战的前沿阵地。参与"曼哈顿工程"的工业企业也留下了丰富的建设经验，西屋电气公司在 1957 年建成了美国第一座商用核电站。

如同大西洋同盟一样，在美国内部，科学与政府同盟的锻造是战争紧急状态的结果。美国的敌人在空中和海上力量的有效性激起了美国早期的紧急措施，即发展反航空器、反潜水艇武器。参与这些计划的科学家和工程师也都会认为时间是冲突的决定因素，但是对时间最为关心的还是参与"曼哈顿计划"的人。他们相信德国的科学家们在原子弹的研究上已经比他们早开始了两年，因此原子弹的竞赛就是一场从德国科学家手中赢得生存的竞赛。所有与原子弹事业有关的人，不管是军人还是科学家，都认为原子弹的快速发展是战争最大的需要。

虽然科学家和军队人员在工程中有着共同的目标，并且建立了紧密的合作关系。但是这两者却在工程建设中显现出了严重的冲突。不像布什那样与陆军部有着良好的关系，"曼哈顿工程"实验室的科学家对军队管理这个巨大的企业表现了公开的蔑视。例如，在科学管理人的信念中，科学家应该在政策制定过程中扮演积极的角色。他们对军队的管理可以给他们带来的好处没有任何信心，认为军队的管理只会阻碍他们的工作。

战时"曼哈顿计划"的科学家和军队之间的关系，很大程度上由研究科学家以及管理他们工作的陆军军官对待安全的冲突的态度所决定。军官们制定的安全规则主要是针对其他国家，然而很少有科学家持相同的态度。在严格专断的安全规则下生活，加强了科学家们对军队人员不信任的态度。在这样的情况下，科学家们认为他们自己承担着国家安全以及胜利的最高责任。1943 年 8 月，在洛斯·阿拉莫斯，汉斯贝特和爱德华特勒草拟了一份计划，以加快炸弹的发展，想把指挥权力全都下放给科学家。

科学家亲手制造出来他们认为可以用毁灭带给世界和平的武器，但是从最开始这个武器的控制权就不在他们的手中。科学家们所希望的实现原子技术自由的沟通，原子能的国际管控与美国建造原子弹的根本目的是背道而驰的。美国政府决定制造原子弹就是希望能使其成为克敌制胜的绝对武器，而绝对武器必须实行绝对的垄断。这种"曼哈顿工程"中的科学家与军队人员对原子弹的控制之争，也延续到了战后。冷战时期，虽然美国政府不断寻求核优势，扩大核武库，但是美国的科学家却成了反核运动的主要力量。

三、"曼哈顿工程"的核污染

曼哈顿工程区很重视工程的安全。设备安装以前，必须进行清洗和检查，因为任何一种杂物，即使是微量的，也可能使设备完全停顿。需要完全除去污物、油脂、氧化物、垢皮、熔剂，这种精细的实际的做法与外科手术的准备工作十分相似。此外"曼哈顿工程"还成立了科学安全委员会。

早期的核物理学家就对核辐射对人类和环境的危害有一定的认识。但是战争的压力却让"曼哈顿工程"许多环境问题的影响没有被提出。格罗夫斯为钚制造工厂选址的时候，工程的基本需求十分简单：宽敞的空间、有电力以及水源。东华盛顿州具备这样的优势——人口密度小，有大古力和博纳维尔这两个巨大的水电站，并且还有哥伦比亚河提供水源。最终的考察报告是这样描述这片未来的场地的："地形平坦并且向

河水倾斜；沙土除了北美矮灌丛外没有其他植被，这片土地被认为是
'结痂的土地'，没有价值；此区域整体人口估计少于1000。"① 而上文
所提到的洛斯·阿拉莫斯以及橡树岭的选址条件也与之相差不多。可以
看出检察员除了工程最为迫切的需要以外，并没有考虑作为特殊材料制
造场地所需要的其他环境因素。

　　尽管如此，也有许多管理者关心厂址对地区的潜在污染，尤其是那
些政治敏感的商业利益被卷入的地区。在汉福德，最明显的问题就是排
放冷却水到哥伦比亚河会产生不良的后果。"曼哈顿工程"的一位工作
人员通过警告格罗夫斯而给他造成了一个"持续的印象"，"无论其他
什么你可能实现，你都将招致整个东北地区的持续敌人，如果你伤害了
一个单一规模的单一鲑鱼"②。格罗夫斯认识到了哥伦比亚河及其野生
动物在文化和经济方面的重要性。如果工程的管理者避免此地区持续的
敌人，汉福德需要一个基于经验主义数据监督计划。为调查厂址对河鱼
的影响，工程通过华盛顿大学开始了一个秘密的研究。在生物学家劳
伦·唐纳德森和理查德·福斯特的带领下，实验结果是"此区域的高
浓度的污水对鲑鱼有不利的影响"。虽然这是个有限的成果，但是，这
个实验仍然是战争中仅有的对环境监督计划的应用性研究。

　　除冷却水之外，在工程的制造之中还存在许多需要处理的放射性安
全问题，科学家也尽量采取方法进行解决。绝大部分的厂址辐射释放是
来源于复杂的钚制造程序的末尾。为形成钚，含有U238的特殊的制造
燃料金属小块在一个反应堆中暴露于中子流。这个过程可以将少量铀原

① Terrence R. Fehner and F. G. Gosling: *Coming in from the Cold: Regulating U. S. Depart-ment of Energy Nuclear Facilities*, 1942-1996, Environmental History, Vol. 1, No. 2 (Apr., 1996), pp. 5-33.

② Groves, *Now It Can Be Told*, p. 82.

子转化为钚239。在业已决定的时期之后，技术员排放金属小块到一个水塘里，并让它们冷却。冷却过程对于减少气体释放碘131（放射性碘）是至关重要的，碘131是一种不稳定的同位素，半衰期是8天。在冷却期的末尾，技术员将金属小块装进隔离的轨道车里，将钚分离设施运输进厂址的200区域。在此项目的开始，汉福德的科学家努力去决定对金属小块来说最为有效的冷却期，平衡放射性危险与满足制造的需要。最后确定金属块需要冷却3个月，以确保最小水平的空气传播放射性碘。①

　　3个钚分离设备是汉福德厂区的最大设备。有800英尺长，65英尺宽，80英尺高，建筑工人称其为"玛丽皇后"或"峡谷"。② 这个偏僻的流水线，却包含着钚制造过程中最为危险且高度放射性的工作。在一系列连接的罐子中，技术员用磷酸铋分解他们以前先用化学药品剥去的附着在金属小块外面的铝。悬浮液将穿过一系列的离心机，进一步用化学方法以钚硝酸盐的形式从铀中分离出钚。这个过程会向工厂的通风系统释放出气体以及一部分实验副产品，比如放射性碘。实验留下的稠密的钚硝酸盐糊剂仍然停留在厂址上，直到工作人员把它们运输到新墨西哥州的洛斯·阿拉莫斯实验室制造成原子弹芯。③ 在1952年年初发明氧化还原系统以前，大量浪费磷酸铋进行分解的过程依旧是恢复钚的唯一方法。这个分离的过程只能将很少的铀转化成钚，但是却会产生极多

① M. F. Acken to L. Squires, August 12, 1943, DUH - 10825, accession number: DA262138, DDRS; F. A. Otto, memorandum, June 30, 1944, "Optimum Operating Conditions Separations Plants", HW7-239, DDRS; and Herbert M. Parker, memorandum, December 11, 1945, "Xenon and Iodine Concentration in the Environs of the T and B Plant", HW-7-3005, DOEPRR.

② Groves, *Now It Can Be Told*, p. 85.

③ Thayer, *Management of the Hanford Engineer Works*, pp. 75-77.

的液态形式铀废料。这些铀废料具有高放射性高度腐蚀性特点，并且因为它所含有的裂变产品可以持续制造热量，因此这些废料能够自沸腾。工作人员虽然已经认识到这些长期存在的裂变副产品元素不能简单地放在土壤中或哥伦比亚河中进行处理，但是在当时的条件下也没有恢复和处理这些废料更为系统的方法。作为权宜之计，承担建造钚试验工厂的杜邦公司的设计者们只能用简单的方式将其储藏在地下罐中。杜邦公司在战争期间建造了 64 个罐子，总体容量大概有 1500 万加仑。每一个罐子的底和边是在加强的混凝土壳中用碳钢包裹的。受到战时原料短缺的约束，最上面的圆顶只用了混凝土。杜邦公司也没有意识到汉福德将继续运营几十年，设计者依靠这种简便的措施，把仅仅是最为危险的液态废料放进了罐子。① 而从分离过程而来的大量液态副产品直接进入了土地。土壤吸收了一些元素，比如钚和铀，并且将它们长久锁在了土地上，这就造成了土壤污染。在处理铀废料的整体过程之中，这些工厂的设计者和建造者们并没有显示出对长期垃圾处置的关心。他们只是用临时的办法进行处理，"在晚些时候采取了更为合适的行动"，直到更好的办法发展出来。② 他们这种不及时应对，且没有长远规划的处理核废料的模式在战后也流行了很长时间。③

战争期间工程的设计者们对空气中排放的放射性微粒和气体最为关心，但是由于他们对放射生态学原则有限的理解以及对地区环境知识的

---

① U. S. Department of Energy, *Hanford Cultural and Historic Resources Program*, *Hanford Site Historic District: History of the Plutonium Production Facilities*, 1943—1990, Columbus, OH: Battelle Press, 2003.

② Barton C. Hacker. *The Dragon's Tail: Radiation Safety in the Manhattan Project*, 1942—1946, Berkeley: University of California Press, 1987, p. 9.

③ K. W. Millett, memorandum, August 13, 1943, "Project 9536-200 Area Waste Disponsal", DUH-11064, accession number: DA277914, DDRS, 4.

欠缺，他们所采取的方法收效甚微，甚至出现了南辕北辙的情况。为了加强气体扩散，在汉福德每一个分离设备有 200 英尺高的通风道以排放气体和空中悬浮微粒。但是由于设计者没有考虑到当地的风向因素，不断变化的风阻止了设计者任何关于对气体稀释可靠方式的预测。同时，因为早期的试验结果仅仅是提示性的，工程师们甚至不能确定废气中哪一种成分是最为有害的。① 因为这些不确定性，一个早期的报告甚至乐观地总结说"没有严重的问题将会发生……在正常的夏天白天情况下伴随着好的微风"。② 这带来了可怕的后果。1945 年第一份环境调查证明，与之前推测的放射性氚和氮氧化物是最大的危害物相反，放射性碘带来了最为严重的危害。因为对气候条件认识的有限性，试验结果的不确定性，对排放标准没有明确的定义，再加上战时的匆忙，战争时期汉福德空中的放射性释放是相当大的。当工作人员认识到高浓缩的碘是给工人们带来了最大威胁的凶手时，汉福德对厂区人员进行外部甲状腺的检查。但是不可估测的危害形成了，仅 1945 年，汉福德放射性碘的排放量就是三里岛事件的 25000 倍。③ 当然还有其他在当时条件下未知的污染，例如，放射性氢的同位素氚，它们渗透到地下水中，跟地下水自由地移动，给人们带来了严重的健康危害。

与对核废料的关注相比，核物理学家很久以来就意识到辐射对人体的危害，不关注安全和健康的结果将是灾难性的。"曼哈顿工程"的科

① S. J. Bugbee, memorandum, February 11, 1944, "Smoke Tests", DUH-120, accession number: DA01916864, DDRS.

② Chas M. Cooper, memorandum, December 31, 1943, "Proposed Program for Study of Stack Dispersion at Hanford", DUH-47, accession number: D8727737, DDRS, 2.

③ Terrence R. Fehner and F. G. Gosling: *Coming in from the Cold: Regulating U. S. Department of Energy Nuclear Facilities*, 1942—1996, Environmental History, Vol. 1, No. 2 (Apr., 1996), pp. 5-33.

学家认为该工程辐射范围远远超过通过射线照射经验而预想的范围，为强调对辐射安全的关心，"曼哈顿工程"内建立了相应的卫生部门。[1]汉福德的保健物理学家完成了在为工业场所发展实践辐射控制程序上主要的突破。[2] 在汉福德保健物理学做出巨大贡献的是英国放射研究者赫伯特·帕克。在他第一次被分配到橡树岭的时候，帕克就发展了远程保健物理学项目。他在 1944 年转移到汉福德。在那里，他成了实际辐射安全与垃圾处理的专家。同事和下属认为他是严厉但公平的工头，他的智慧和高道德原则培养了一个尊重和欣赏的水平。[3]

在战争期间，"曼哈顿工程"还是采取了一定的措施以确保工人以及核设备的安全。"曼哈顿工程"的管理者已经意识到了核辐射的巨大危害，在机构上成立了科学安全委员会，对工程的安全措施进行了监督管理。在每一个厂区都设立了相应的卫生机构，以最大限度确保工作人员的安全。在建设的过程当中，也用技术手段将污水、放射性碘等有害物质进行稀释，使其浓度达到当时认为的安全水平。用当时的标准来看，杜邦公司和其他合同承担者并没有修改它们在环境和垃圾处理问题上的方法，它们的处理方式也并非与时代不合拍。

但是核物理在当时来说还是一个新兴学科。人类对任何事物的认识都是一个由浅入深的过程，对于原子能的认识也不例外。20 世纪 40 年代，科学家们对于能否制造出原子武器，用多长时间可以制造出原子武器的看法都不尽相同，更无法谈及可以预见到在制造中产生的种种问

---

① Groves，*Now It Can Be Told*，p. 57.

② Hacker，*Dragon's Tail*，pp. 11–19，30.

③ Ian Stacy：*Roads to Ruin on the Atomic Frontier：Environmental Decision Making at the Hanford Nuclear Reservation*，1942—1952，Environmental History，Vol. 15，No. 3（JULY 2010），pp. 415–448.

题。"曼哈顿工程"所做的工作在人类历史上是前所未有的,毫无经验可循。正因为科学家对原子能认识的有限性,并不详细了解其危害,也无法采取具体措施来应对这些危害,才使得"曼哈顿工程"的安全管理并不完善。在试验工厂的阶段,科学家们最关注的是与制造原子弹相关的核心技术的实现,对中间所产生的辐射、副产品的危害几乎没有关注,对可能产生的安全隐患问题调研不足。知识性的欠缺,试验阶段对安全问题的忽视,导致了安全标准的缺失。在"曼哈顿工程"中,任何工业废料的排放都没有固定的标准。而那些仅有的标准,很多也是建立在科学家猜测的基础上,并不准确。对地方生态表面的理解,以及对核技术的不完全认识,这两者的综合就导致了对这个场地以及地方生态系统之间复杂反应的过于简单的理解。因此第二次世界大战时期是整个核工业历史上最大限度允许释放有害放射性物质的时期。

除知识结构的欠缺导致安全标准的缺失外,"曼哈顿工程"的特殊性也是导致其安全管理疏漏的重要因素。在 20 世纪 40 年代的常规条件下,一个国家授权机构的设计、建造,以及私营工业企业的运作都会受到监督。在健康和环境卫生方面,市政或国家卫生部门是行使监督权力的主要部门。作为国家绝对机密的"曼哈顿工程",它的建立和运行没有如常规工程那样经过详细审查、回顾,或是地方群体、公共管理机构的授权。"曼哈顿工程"的建立是按照自己的标准的。① 因此除了工程内部有限的安全管理与监督之外,常规机构的一般性控制并不存在。

事实上,"曼哈顿工程"中所遇到的任何安全管理方面的问题都可以归结为新科学对旧有管理制度、安全措施、法律法规提出的挑战。作

---

① Craig E. Colten, "*Creating a Toxic Landscape: Chemical Waste Disposal Policy and Practice, 1900—1960*", Environmental History Review (Spring 1994), p. 2.

为新兴的核工业，"曼哈顿工程"独特的安全需要，亟须建立一整套与之符合的新措施、新方法、新制度。但是对于原子能认识的局限性，使人们只是将其作为一种能量更大的一般能源。从原子弹制造过程中所采取的建造设施、安全管理，以及到最后将其投放到对日战场上，美国一直将其作为一般能源和一般武器，这种能源和武器的唯一不同就是其能量更大且更具破坏性。而实际上，这种毁灭性的能量，足以使原子能和原子武器完成从一般到特殊的质变。这种质变需要美国政府用特殊的管理手段进行应对，可惜因为知识的局限导致认识的滞后，最终美国也只是用一般的管理手段来处理这一特殊的新物质，这为人类带来了灾难性的后果。原子灾难，不始于在三一试验场的成功试爆，也不始于广岛和长崎那震惊世人的惨状，这些只是它对人类的宣告与昭示。在人类决定制造原子武器的那一刻起，原子的幽灵就已经存在，它隐藏在制造过程的每一道工序之中，只不过不为人所知。这种隐性的、潜在的危险较之原子弹爆炸的危险，更让人感到可怕。美国用牺牲环境的代价换来了日本两座城市的毁灭，不能说是绝对的胜利。无论是谁掌握了制造原子武器的秘密，只要不能够安全地利用原子能，就不是真正意义上的成功者。

四、"曼哈顿工程"的核安全防护

"曼哈顿工程"从初建伊始就建立了负责实验室人员健康与安全的卫生小组。这个小组由 L. H. 亨佩尔曼（L. H. Hempelmann）博士领导。小组将工程人员的健康问题分为四个部分：工业健康和安全问题、与特殊危害有关的健康问题、安全操作的建立以及日常监测和记录保存。起初，这四部分工作都由卫生小组负责，到 1944 年 4 月，由于项目迅速发展安全问题急剧增加，在原卫生小组的基础上成立了新的委员会，监督所有与技术领域和边远地区有关的安全装置、检查和活动。亨佩尔曼博士依然在新委员会内负责原卫生小组的工作。

卫生小组的主要责任是制定和宣传卫生标准，特别是辐射和放射性及化学毒物的安全容忍水平。小组主要关心的是保护实验室工作人员的健康。它保存了个人暴露于危险、暴露程度、事故和过度暴露试验的记录，还对所有技术人员的入职前体检进行了跟踪和记录。它对所有离职员工进行了全面的检查，包括必要的测试。

起初需要防范的是铀造成的重金属中毒的危险以及加速设备和辐射源外部的辐射危害，但这些问题并不严重。1944年春，第一批钚到达了洛斯·阿拉莫斯，卫生小组的任务开始变得艰巨起来。因为钚辐射对肾脏和骨骼的损伤远大于镭，而且钚从体内排出的速度比镭慢得多。为防止钚辐射的不良后果，亨佩尔曼特意访问了波士顿的一家发光涂料公司，了解该行业是如何处理辐射危害的。回到工程区后，他建立了三个委员会处理钚辐射的危害，第一个委员会是仪器委员会，负责设计适合于测量实验室和人员的放射性污染的计数器；第二委员会负责设计钚处理装置和设备。仪器由本委员会与有关化学家协商设计，并由化学和冶金服务小组建造或采购；第三委员会负责拟定安全处理放射性物质的规则和建议。

工程从1944年3月开始执行放射性物质处理规则，规则规定如果故意违规处理放射性物质，将立即被实验室解雇。工程还专门设立了服务小组负责处置放射性物质事宜。服务小组为工作人员提供适当的防护设备，清洗这些设备，监测实验室以及在需要的时候净化实验室。除采取上述安全措施外，卫生小组还就钚的工作在小组中进行了广泛的教育运动。就钚的毒性做了演讲，并与业务小组举行了许多会议，以制定一般性建议的适用情况。将健康安全手册发给了该公司的新成员。

五、"曼哈顿工程"中的核安保实践

情报安全是美国早期核安全体系中最重要的环节，这是确保美国在第二次世界大战原子竞争中保持绝对优势的核心安全措施。在格罗夫斯入选组织"曼哈顿工程"之时，他还是军队建设的副长官。对于这项任命，格罗夫斯很失望——他希望战争可以给他带来第一次海外现场指挥的经历。然而，他也得到了很大安慰："如果成功，原子弹将赢得战争。"① 事实上，格罗夫斯对用原子弹赢得战争的着迷程度，与科学家想赢得竞争的心情是一样的。军人出身的格罗夫斯，对"曼哈顿工程"实行了军事化管理，而且特别重视情报安全工作。

在最初选址问题上，格罗夫斯将"曼哈顿工程"的主要工厂建在偏远地方，既是出于使之免受敌人轰炸的考虑，也有保护国家核心机密的考虑。工区建成后，他又建立了严密的情报机构网络，对工区内部实行严格管理，与"曼哈顿工程"有关的一切活动都被列入绝对的保密范围内，尤其还加强了新闻宣传安全，甚至开展了针对轴心国的反情报活动，以确保美国的核情报安全。

（一）建立严密的安保和情报机构

最初，美国有关原子能方面的情报，由陆军情报局、海军情报局和战略服务局负责作为其活动的一部分而展开。但是由于各情报机构互相配合较差，比如陆军情报局和战略服务局的关系并不融洽，很多空白点没人接管。与此同时，还有些机构尚未认识到，他们得到的某些情报可

---

① Martin J. Sherwin, *A World Destroyed*: *Hiroshima and its Legacies*, p. 58.

能对"曼哈顿工程"有用，因此，"曼哈顿工程"亟须建立自己的安保与情报机构。1943年，陆军正式受命负责"曼哈顿工程"的安保工作，该项工作的总负责人是陆军情报局斯特朗少将。到1943年年末，"曼哈顿工程"建立了自己的全套安保机构——"蠕动队"，保安人员共计485名。[1] 格罗夫斯选择约翰·小兰斯代尔少校负责具体的安保工作。小兰斯代尔少校在正规军事系统之外建立了一个安保系统，在每个后勤司令部中选定一些官员和谍报人员，这些人员直接向他汇报，他再向斯特朗将军和格罗夫斯将军汇报。反情报工作归管区工程师领导，并配备一名管区保安官员。另外，在每个实验室、工厂或其他单位，都设有一个保安官员和若干名必要的助手。这个保安官员对管区保安官员、"曼哈顿工程"在该单位的代表和该单位的领导人负责。保安工作的基本任务，是对参与"曼哈顿工程"的各种人员予以控制，将重要机密落入敌手的可能性降至最低。

1944年3月底，格罗夫斯认为，单独成立科学情报机构十分必要。他让比塞尔提出建立科学情报机构的要求，提请马歇尔将军本人注意。第二天，陆军情报局就向参谋长马歇尔提议："由格罗夫斯将军和布什博士协助，在军事情报处内设立一个科学情报机构，并在适当时候将其派到战场的各个部分。军事人员和非军事的科学人员由格罗夫斯将军和布什博士选定，情报人员和行政人员则由陆军情报局的助理参谋长选定。"[2] 为了指导这个科学情报机构的工作，美国特意建立了一个咨询委员会，由各个方面的代表组成：海军情报局局长、科学研究发展局局长、陆军后勤部司令、陆军情报局助理参谋长。该咨询委员会集中指导

---

① ［美］格罗夫斯：《现在可以说了》，原子能出版社，1978年，第111页。
② ［美］格罗夫斯：《现在可以说了》，原子能出版社，1978年，第169页。

原子能方面的情报工作。

（二）严格筛选研究人员

在"曼哈顿工程"中，对工作人员身份要进行非常严密的核查。作为主管安全和情报工作的小兰斯代尔承认："在决定谁是不是共产党员、是否忠诚的问题上，给需要调查和核实的人员指路的标志，就是频繁的极端的政治自由主义。"[1]一位参与"曼哈顿工程"的科学家在参加了苏联副领事在旧金山一个饭店为苏联出生的小提琴家艾萨克·斯特恩举办的宴会后，被迫从该项目辞职。另外，每一个有左翼背景的科学家都被置于严密监督下。作为"曼哈顿工程"的技术总负责人奥本海默，也有着深刻的左翼背景，他的前未婚妻、哥哥以及嫂子都是共产党员。选择奥本海默作为"曼哈顿工程"负责人这一决定，曾遭到军事情报人员的激烈抵制，事实上，也正是在格罗夫斯以私人名义，以"奥本海默对工程来说绝对重要"为由，批驳军队情报官员的异议后，奥本海默才得以担当重任。但是，美国人似乎从来没有完全信任过这个犹太物理学家，在整个"曼哈顿工程"期间，甚至在"曼哈顿工程"结束后，奥本海默的一举一动仍一直受到情报人员的严密监控。

在美英展开原子能合作之初，美国要求英国提前将参加"曼哈顿工程"的科学家名单交给美方。格罗夫斯收到第一批这样的科学家名单时，发现上面并没有详细说明他们是否可靠，为此，格罗夫斯特别告诉英国官员，必须给他一份能够证明这些科学家已通过正式审查的证明文件。英国很快给了回复，证明文件上的所有人都经过彻底审查，但是，后来被曝光的间谍克劳斯·福克斯当时就在这个名单中。虽然英国人声明所有人已经过彻底审查，但美国对英国的说法存疑，一些人则建

---

[1]　Martin J. Sherwin, *A World Destroyed: Hiroshima and its Legacies*, p. 63.

议美国重新核查上述人员，但这样做显然对英国来说非常冒昧，美国没有再进行核查。正是这个疏漏，导致"克劳斯案件"发生。在"克劳斯案件"后，美国的应对措施就是对所有人都做不同程度的审查，只不过有所区别。对于不可能接触到核心机密的人只做简单核对，对有可能接触机密情报的人则要仔细检查。对少数人的检查则更为仔细，要追溯到他们的幼年时代、成长历程、政治信仰、生活习惯、出身成分等。美国在战时与英国展开原子能合作时，并非采取了一种对英国全面敞开原子能信息的态度。布什和科南特对待英国的安全方式，就像格罗夫斯反对科学家那样：封闭了未来研究和发展的重要领域。

（三）严格限制信息交流

在"曼哈顿工程"区域内，安全机构也采取了严密的安保措施。"曼哈顿工程"的三个主要工业研究综合体，伴随着工人和科学家的迁入，逐渐形成一些新社区。出于信息安全的需要，管理者要求严格限制在不同地址之间进行不必要的信息交流，杜绝在同一地址的个人与小组之间进行交流，严禁工程区域内部与外部之间的交流。除限制交流以外，随着战时军事组织的需要，格罗夫斯将军在 D. C. 建立了指挥中心，只分授给各场地工作人员少许权力，限制权力也成为安全保密的重要手段。

此外，安全机构还对工作人员的行动进行严格限制。为了绝对保密，"曼哈顿工程"区域内一切寄出的信件与往来的电话都要受到检查，工作人员每月只能到附近的小镇圣菲去一次。他们的妻子仅知道丈夫唯一的通信地址是：美国陆军 1663 信箱。对外邮件要先送到另一个城市再邮寄。如果工作人员在电话里告诉父母或妻子上星期天参加了一次野餐，只要对方问一下是在什么地方，监听员会立刻掐断电话，并发出警告：不许说出地名！同时，如果由于某些原因离开此地的话，外出人员也要受到监视。① 每一个来到"曼哈顿工程"工区工作的人员，都要签署相应的保密协定，他们被限制旅行，他们的家人也要被限制自由移动。由于保安的限制，一个人除非有业务接洽，并经过保安审查，否则很难进入洛斯阿拉莫斯实验室。够条件的人员，也须从距离活动中心大约两里外的大门进去。警卫们得到特别指示，要注意不要让那些想要进去的人员随便进入，防止那些身穿军服但与规定哪怕只有一点点不同的军事人员进入。为了防止无意泄密，从 1943 年 12 月起，"曼哈顿工程"工区开始检查来往信件。

与限制工作人员的行动相比，知识的局部化是比保密工作更为重要的环节。在保持工作顺利进行与保持信息严格控制方面，格罗夫斯将军有其独到的管理思路。他认为，每个人都应该知道他执行任务时所需的一切东西，但不应知道更多的东西。为了保密，科学家们不能得到任何其他地方的研究成果，只能通过科南特进行了解。参与工程的科学家贝特对此做出"乐观"解释："任何对其他实验室的参观，都要经过科南特的批准。"② 其实，贝特特别希望科南特能够保证，此项工程的顶尖科学家可以接触到任何他们认为对其工作必要的信息。然而，在"曼哈顿工程"中格罗夫斯所创建的信息控制系统下，贝特这一希望注定不能够实现。1943 年春，洛斯阿拉莫斯实验室举办每周讨论会。奥本海默向格罗夫斯保证，这种讨论会可以使科学家更有效地工作。为了消除格罗夫斯的疑虑，奥本海默解释说，如果科学家意识到他们的工作有所创新并且十分重要的话，他们就会对安全问题更为小心谨慎。尽管如

---

① Martin J. Sherwin, *A World Destroyed：Hiroshima and its Legacies*, p. 63.

② Martin J. Sherwin, *A World Destroyed：Hiroshima and its Legacies*, p. 63.

此，格罗夫斯还是向奥本海默提出了两项要求：他必须严格地限制可以参与讨论会的人数，并且将讨论的范围严格限制在手头的科技任务上。①

格罗夫斯创建的信息保密系统，是依据罗斯福防止信息泄露的指令而开展的，在战争时期，它的确防止了"曼哈顿工程"内部信息的自由流动，同时有效抑制了科学家们在战争时期有组织讨论战后美国原子能政策。而这种对科学家的严密控制，必然招致科学家们的强烈不满和反抗，战后科技自由问题于是变成科学家的政治战斗口号。

信息保密系统不仅在工程区内部限制信息交流，一切与"曼哈顿工程"相关的工作也要进行严格保密。如前文所述，"曼哈顿工程"不只是一个军事工程，也是一项牵涉政府、军队、企业、学校四者的国家性工程，其涉及的宽度决定了其保密工作的复杂性。"曼哈顿工程"的管理者们要在工程区内实施严格安保措施，与"曼哈顿工程"相关的每一个环节，都要采取严密的安保措施，以确保信息不对外泄露。

在向联合矿业公司购买铀矿石的时候，所有合同的详细内容，包括付款手续在内，也都尽可能保密。在付款时，联合矿业公司的总经理森吉尔需要在银行开一个特别户头，他必须告诉与其有往来的美国银行负责人，为什么要开特别的户头。为了使这一情报保密，经过"曼哈顿工程"管理者的协商，在联邦储备银行的报告中，并不提及任何与此有关的收付方式。在审查方面，查账员也授命承认森吉尔的说明，而不需要他做出任何解释。

在吸收新组织加入时，"曼哈顿工程"管理者采取了严格保密措施。在一般情况下，基本程序是这样的："曼哈顿工程"的管理者首先

---

① Martin J. Sherwin, *A World Destroyed: Hiroshima and its Legacies*, p. 63.

与希望合作机构的一两位负责人进行洽谈，这些负责人必须是他们早已认识的，并且"曼哈顿工程"的管理人员对这些负责人的判断力和注意保密的品质完全信任。在初次谈话时，他们只向这些责任人提供最少的情报。如果开始的行动并没有朝着"曼哈顿工程"管理者所期望的方向发展下去，那么行动就此结束。如果合作顺利进行，"曼哈顿工程"管理者会要求这些负责人谨慎考察自身机构的内部情况，并且对曾与他们谈过话的人员提出适当告诫。例如，"曼哈顿工程"的组织者如果希望杜邦公司承担钚制造工厂的建设工作，在与杜邦公司代表进行初步洽谈后，杜邦公司的负责人说需要与总经理和公司内部的化学工程师商量。格罗夫斯就会提出这样的要求："可以与杜邦组织内他们所信任的诚实而谨慎的任何人讨论……数目保持在最小的限度内，并要注意保密，而且要提出一份名单，如果杜邦公司最终不参加本计划，这名单应交给我。"①

（四）控制核宣传

对于"曼哈顿工程"工区内的新闻保密工作，拜伦·普赖斯负责的检察署和克利夫兰《新闻》编辑 N. R. 霍华德做出很大贡献。霍华德的继任者是斯克里普斯——霍华德报系的杰克·洛克哈特。杰克·洛克哈特跟"曼哈顿工程"工区一直保持着紧密联系。他们对原子新闻的管制总则很简单："（1）不准发表可能以任何方式泄露重要机密的消息；（2）不准发表会使人们注意我们计划的任何方面的消息；（3）不准发表那些可能会被具有科学进展知识的敌国间谍或任何人读了而能猜到我们正在进展的工作的消息。"② 禁止转载已在国外发表的有关文章，

---

① ［美］格罗夫斯：《现在可以说了》，原子能出版社，1978 年，第 37 页。
② ［美］格罗夫斯：《现在可以说了》，原子能出版社，1978 年，第 118 页。

虽然引起了新闻界的一些反感，但是格罗夫斯认为，把已经发表的片段消息凑在一起，是每一个情报机关获得消息的主要来源。因此，他要求报纸和广播都避免使用像"原子能"这类字眼，只是为了防止出现推测性文章，防止把"曼哈顿工程"工区的工作情况泄露出去。霍华德甚至将有些毫无关系的字，如"钇"也列入禁字表之列，以掩盖其真正目的。格罗夫斯认为，只有这样做，才能做到真正的新闻保密。像"汉福德""橡树岭""洛斯阿拉莫斯""曼哈顿工程区""格罗夫斯"等敏感名字，也一律成为发表禁忌，以免使外国间谍注意到这些地区的活动。但是这也会出现一个问题，如果让附近的报纸完全不提"汉福德"或"橡树岭"不但行不通，而且也有不利影响，特别会引起当地人的注意。因此，报纸只刊登关于"橡树岭""汉福德"当地发生的社会新闻。

第二次世界大战中，美国在曼哈顿工程内部建立了比较完善的核安全管理机制，这为战后美国全面着手核安全管理机制建设打下伏笔。与此同时，严格推进核安全管理实践，这也意味着美国将核安全的重点放在防止情报的泄露上，说明美国政府已经将核武器研制视为关乎国家安全命运的头等大事。"曼哈顿工程"的安全管理实践昭示着美国正在竭力防止核秘密泄露，全力实施核垄断。

第三节　早期核控制与核垄断

第二次世界大战期间，美国已经意识到垄断核武器的巨大价值。为尽快制造出核武器，美国与英国结成原子能同盟，但是为了在同盟中独享优势，美国与英国的原子能合作并非亲密无间，而是体现出其政策的局限性。与英国相比，美国对另外一个战时盟国——苏联，则实行了绝对的核保密政策。在对待协约国问题上，美国则大肆窃取德国的核情报。虽然顾问们一再建议总统在国际层面实施原子能的国际管控，但是罗斯福和杜鲁门都未接受此类建议。

一、核保密政策及实践

虽然美国与英国在战时结成了关系亲密的原子能同盟，但美英结盟可谓一波三折，双方都有自己的如意算盘，美英的核合作关系应该说是一种有限的同盟关系。

早在 1940 年夏，英国就希望与美国在原子能方面展开合作。法国沦陷让英国在欧洲战场上压力倍增，如果在英国开展原子弹研制工作，很容易受德军攻击。而且，英国的资源也相对紧张。有鉴于此，英国政府内部大多数人建议，如果开展原子弹研制，最好与美国合作。[①] 英国驻美大使在 1940 年 7 月 8 日写信给罗斯福，表达了英国希望与美国在原子能方面展开合作的愿望，并表示"为显示我们准备完全合作，我们对你们完全开放，并给美国所感兴趣的任何设备或设施的全部细节"。然而，在这不同寻常的帮助后面，也不仅仅是慷慨，英国政府更希望得到美国的报答，还之以关于原子能研究方面的秘密信息，这些信息就像英国驻美大使所讲的那样，英国"迫切渴望拥有"。[②] 1940 年 10 月，英国委派著名科学家约翰·科克罗夫特教授率领一个科学家代表团访问美国，他们随行带去极其珍贵和重要的关于铀裂变的研究成果。但

[①]　Martin J. Sherwin, *A World Destroyed*：*Hiroshima and its Legacies*, p. 69.

[②]　Martin J. Sherwin, *A World Destroyed*：*Hiroshima and its Legacies*, p. 69.

在当时，由于美国还没有完全被卷入第二次世界大战中，美国尚未决定发展原子武器，所以英国的这次访问几乎没有取得什么效果。

真正让美国下定决心，在原子能方面与英国展开合作的关键，是1941年"莫德报告"出台。1941年10月初，美国收到莫德委员会报告，得知原子弹可以在战争中制造出来，并且用于战争，罗斯福对制造原子弹的态度出现根本性转变。1941年10月11日，罗斯福签署了一封由布什起草、提交丘吉尔的信件，信中建议两个国家在原子弹的竞争中联合其资源。"我们应该迅速合作，或者转向关心由莫德委员会和布什组织机构研究等问题，以便使任何程度上的努力都会得到协调，或者实现联合指挥。"① 这个建议在几个月后就付诸实施了，于是，一系列的交流访问在英美两国的科学家之间迅速展开，伦敦和华盛顿都在1941年冬建立了科技联络办公室。英美两国分别鼓励其科学家尽最大努力合作。英国在原子能研究上的优势，美国雄厚的科研能力，再加上美国研究实验的高质量，以及双方对快速工作的需要，都使得在此后一年中，两国的原子弹研究工作取得迅速进展。

在1942年6月17日给总统的信中，布什认为，英美早期的核合作工作已经加速推进，应该立刻草拟一份继续的项目，下一阶段的"主要特点"就是向军队转移建设生产设备的责任，目标就是要在1944年早期使原子弹付诸使用。同月，罗斯福和丘吉尔在海德公园会晤，双方同意在制造原子弹的问题上实现信息共享。此时，丘吉尔最关心的是德国的原子弹工程，他从英国的情报部门得知，德国科学家在诺贝尔奖获得者海森堡的带领下，正在致力于获取核裂变力量的研究。②

---

① Martin J. Sherwin, *A World Destroyed：Hiroshima and its Legacies*, p. 38.
② Wilson D. Miscamble, *The Most Controversial Decision：Truman, the Atomic Bombs, and the Defeat of Japan*, p. 11.

英国在 1940 年就希望与美国展开原子能合作，这与其所处的战争环境和战争需要密切相关。英国知道，只有依赖于美国的雄厚科学力量、得天独厚的地理位置、丰富的资源，才有可能在战争时期制造出原子弹。当然，英国最担心的还是德国的原子弹研究制造情况。美国对英国最初提出的建议并未理睬。但随着战争的深入发展，同时核武器已被证明可以在战争期间制造出来，并且能成为克敌制胜的绝对武器，美国才下决心制造核武器。促使美国决定与英国合作的直接原因，就是罗斯福从布什那里了解到，英国在原子能的研究方面要领先于美国，与英国的合作能使美国在原子能领域的研究快速发展，有利于美国快速制造出原子弹。美国与英国结盟的出发点，即是英国可以帮助美国快速造出原子弹，这个原子弹还可以在战争中发挥巨大作用，这两点对美国来说具有足够的诱惑力。1941 年 10 月到 1942 年夏，美国在美英同盟之中处于核技术的劣势，因此对合作的愿望更加强烈，表现也更加积极。

然而，从 1942 年夏以后，美国的智囊们对与英国合作的态度却有所变化。科南特建议与英国进行一个新的有限制的安排，以取代平等合作。他提出了三点原因：（1）工程已经从科技控制转向了军事控制；（2）美国几乎做了所有的发展工作；（3）安全命令需要更紧密地把握此项目发展的信息。不只是科南特，最高决策小组的其他成员也很快认为，持续的平等合作对美国战后商业利益是有害的。科南特认为，英国"对他们单独的战后工业可能有价值的信息显示了过度的兴趣"。[1] 科南特进一步提出，盟国之间自由交换秘密的军事信息，只能在"战时使用"这个前提下才可以进行。在 1942 年 12 月，科南特写了一份篇幅很长的备忘录，旨在强化他的观点："美国的原子能工作几乎是建立在美

---

[1] Martin J. Sherwin, *A World Destroyed: Hiroshima and its Legacies*, p. 71.

国研究和观念的基础上。"布什向总统提供了一个考虑英美原子能关系的替代选择：（1）中止所有的交换；（2）不仅仅在研究领域，在发展和制造领域也要完全交换，包括自由地交换人员；（3）根据清晰定义的界限，限制交换。在科南特的观念中，最好的选择是（3），其次是（1）。科南特和布什认为，他们主要的目标是告诉霍普金斯和总统，原子弹在战后具有独一无二的重要性。他认为："主要的考虑是国家安全，以及战后战略的重要性"①，给英国提供如何制造原子弹的详细信息，"可能会等同于联合占领要塞或者是永恒的战略港口"②。当然，美国的智囊们不会天真地相信，英国会接受这个新的限制性安排；相反，他们预期了一个明显愤怒的回应，甚至有出现最坏结果的可能：英国和加拿大政府拒绝继续与美国进行原子能项目的合作。科南特对英加两国的不利预期，被合并进军事政策委员会 12 月份递交给总统的报告中。该报告指出，如果美国终止合作，他将失去"一组有能力的人"的服务，然后这组人将在加拿大聚集，加紧用重水方法制造更高裂变同位素钚 239。该报告也提到了其他可能更严重的反应，如加拿大可能会拒绝沿边界建造 TRAIL 重水工厂。如果英国和加拿大做出这样的决定，可能会使美国的原子弹制造发展放缓，但不会停止。美国最担心的是，从加拿大运输的铀矿石将会被终止。这是最为复杂的问题，因为科南特并未表示，美国自给自足的程度，"直到科罗拉多的补给得到更进一步开发"。为此，科南特在报告中得出结论："中止更为深入的信息交换，将不会严重阻碍整体的项目。"布什总结说，1945 年年初，美国才有可能制造出第一个原子弹。在制造原子弹时间表上的退步，将会成为一件

---

① Martin J. Sherwin, *A World Destroyed：Hiroshima and its Legacies*, p. 80.

② Martin J. Sherwin, *A World Destroyed：Hiroshima and its Legacies*, p. 80.

令人担忧的事情，因为德国研究进展始终是不知道的。"我们仍然不知道，在与敌人向一个可用的结果的竞争中，我们所处的位置，但是很可能，德国已走在我们前面，并且能比我们更快地制造超级原子弹。"①

这样，罗斯福和他的智囊们就不得不面对这样两个选择：一个是基于战时和战后合作、尽快发展原子弹的政策；一个是确保战后美国垄断该武器，其代价是延后原子弹制造的时间表。结果，经过最高政策小组以及军事政策委员会建议，罗斯福批准后一种选择。1943年1月13日，科南特代表官方通知英国，控制英美核关系的原则已经更改：向英国和加拿大传递的信息，只是那些"可以在战争中利用的"信息，只有在链式反应中使用重水的信息完全开放交换。

美国在这一阶段态度的转变，很大程度上是因为其技术快速发展，在英美同盟关系中，核技术的强弱变化，使美国对待同盟关系的态度也有所变化。美国强调有限的信息交换，实际上是既想跟英国合作，快速制造出原子弹，赢得战争胜利，又想维持自己的技术垄断，不想让英国过多分享自己的研究成果。此时，美国对原子弹的考虑，已经不仅仅局限于第二次世界大战中的应用，而是进一步思考原子弹在战后的价值。② 这个目的就是在战后维持自身的核垄断。

1943年1月，丘吉尔知道美国限制信息交流的新政之后，迅速做出努力，以扭转美国的新政策。1943年5月，丘吉尔与英帝国总参谋长访问华盛顿，参加英美战略会议（三叉戟会议），他与罗斯福当面讨论了原子能问题。5月26日，丘吉尔给安德森的一封电报中，总结了会议可能达成的结果："总统同意恢复交换'管合金'的信息，这个企

---

① Martin J. Sherwin, *A World Destroyed : Hiroshima and its Legacies*, p. 76.
② ［美］格罗夫斯：《现在可以说了》，原子能出版社，1978年，第105页。

业应该看成是联营的，两个国家都应该贡献最大的努力。"① 显然罗斯福对限制交换信息的态度已经出现明显转变。虽然不知道他们具体说了什么，但是从丘吉尔在公开场合的表态，以及罗斯福的只言片语中，我们推断出，丘吉尔很可能用原子弹在战后国际政治中所拥有的影响，还有苏联对西方的威胁，说服了罗斯福。1943 年 7 月，布什和史汀生访问伦敦，丘吉尔直率地指出："我对获取所有的原子能信息都很有兴趣，因为这对英国在以后的独立很有必要，同时对战时的成功也很有必要。"丘吉尔也不逃避其他原因："永远不可以让苏联和德国赢得可以用来进行国际勒索的事物的竞争。"② 他指出："如果我们不在一起共同工作的话，苏联可能会完成这个结果。"③

1943 年 7 月 20 日，当布什和史汀生在伦敦之时，罗斯福与丘吉尔将 5 月份双方达成的协议正式付诸实施。罗斯福在写给布什的信中说："我虽然注意到这方面保密的重要性，但是我认为，我们和英国的协议有全面交换一切情报的含义。"④ 罗斯福命令布什："重新以包容的态度，与英国完全交换信息。"布什的态度无法转变罗斯福的意志，当罗斯福和丘吉尔 8 月份在魁北克见面时，两人将英美两国在原子能合作上的事情稳定下来。

1943 年 8 月 19 日在魁北克会议上，罗斯福与丘吉尔签订《魁北克协议》，就原子能研究和发展展开合作签署协议条款，成立联合政策委员会，魁北克协议恢复了英美之间全面交换原子能信息的机制。

---

① Martin J. Sherwin, *A World Destroyed: Hiroshima and its Legacies*, p. 84.

② Martin J. Sherwin, *A World Destroyed: Hiroshima and its Legacies*, p. 84.

③ Martin J. Sherwin, *A World Destroyed: Hiroshima and its Legacies*, p. 84.

④ ［美］格罗夫斯：《现在可以说了》，原子能出版社，1978 年，第 106 页。

魁北克会议包括 5 点内容：①

（1）我们永远不会使用此武器反对另一方。

（2）在没有另一方同意的情况下，我们不会使用它反对第三方。

（3）除非在双方同意的情况下，我们中的任何一方都不可以与第三方交流"管合金"信息。

（4）考虑到美国制造的沉重负担，英国政府意识到，战后在工业和商业特征上的好处，需要美英在其协商的条件下进行处理。

（5）应该做如下安排，以确保双方之间完全有效的合作。

①应该在华盛顿成立一个联合政策委员会。

②在政策委员会成员以及他们的直接技术顾问之间，就有关于工程所有部门完整的信息和意见交流。

③在科研和发展部门，在两国都参与同样部门的人员中间，应该有完全的有效的信息和意见交流。

④在设计、建设和运行大规模工厂方面，交换信息和已将应该被特殊的安排进行管理，这种安排对尽快完成工程是必要的。这样特殊的安排应该交给政策委员会进行批准。

根据《魁北克协议》，（美英两国）成立了一个联合政策委员会，规定在华盛顿举行会议，以监督美国、英国和加拿大三国的联合工作。委员会的成员包括：史汀生、布什、科南特、迪尔陆军元帅（英）、利伟林上校（英）、豪厄先生（加）。②

《魁北克协议》将英美两国的核合作关系正式确立。这次协议规定，双方实现信息自由交流，同时协议还对原子弹的使用做出规定，但

---

① Martin J. Sherwin, *A World Destroyed: Hiroshima and its Legacies*, p. 85.
② ［美］格罗夫斯：《现在可以说了》，原子能出版社，1978 年，第 110 页。

是最受关注的内容，就是不与第三方交流信息。就此而言，《魁北克协议》堪称美国最早的核保密条约，美国对原子弹的考虑已经延伸到战后。美国的主要目标是防范战后核秘密扩散，其针对的对象则是其当时的盟友——苏联。

美国在对待原子能结盟这件事情上，并不认为盟友越多越好。1945年1月22日，在讨论法国提出参与美英原子能研究计划的要求时，美英联合政策委员会认为，当时与法国进行的有关专利权的谈判，包含着泄露核秘密的巨大风险，有可能会对美英的现行核合作造成破坏，因此与法国开展有关参与美英原子能研究计划的任何深入讨论，从安全的角度看都是不受欢迎的，英美两国为此拒绝了法国的请求。这一事件表明，美国在考虑盟友问题上，最重要的考虑因素还是保密。美国最为担心的事情，就是泄露核秘密，当然其最关心的泄露对象是苏联。一旦美国认为可能出现泄密行为时，美国就会毫不犹豫地拒绝结盟。

二、垄断核原料

随着核武器生产的发展，核原料问题越来越受到美国的重视。美国与英国成立了联合开发信托公司，在世界范围内攫取核原料。美国将对核原料的垄断作为实现核武器生产垄断的重要手段。

因为"曼哈顿工程"最初使用的原料都是比属刚果供应的，所以美国认为取得比属刚果铀矿的长期开采权至关重要。1944年3月，美国的一份报告中写道："建立某种机构，行使政府间有关刚果矿石的长期专有权；做好商务上的安排，保证把矿石迅速而不断地运往美国。"①在与比利时签订协议方面，美国认为可以美英为一方，比利时为另一

---

① ［美］格罗夫斯：《现在可以说了》，原子能出版社，1978年，第138页。

方，共同签署一项政府协定，使比利时人承担长期提供矿物的义务。在这样的考虑下，美国首先派出怀南特大使到伦敦与英国商讨合同事宜。经谈判，双方同意"不应让铀落到坏人手中；至少在战争结束后做出其他安排以前，英美有责任尽最大可能获得尽可能多的世界上铀矿石的选择权，并承担监督铀不致被无用的任务"。这次讨论也研究了对比属刚果的全部铀矿石保留若干年转卖权的要求。3 月末，贝茨将军和托马斯·巴恩斯爵士着手研究成立美英两国政府间机构的问题，并拟定了《信托公司宣言》草案。在美英双方又进一步修改之后，《信托公司宣言》于 1944 年 6 月中旬由罗斯福与丘吉尔签字。按照宣言规定，在华盛顿设立了一个名为联合开发信托公司的机构。在联合政策委员会的领导下，监督从英美领土以外地区获取的原料的工作。原料的分配由联合政策委员会处理。联合开发信托公司的成立，既标志着美英在世界范围内攫取核原料的机构成立，又标志着美英核垄断政策的进一步深化——从核保密走向了原料垄断。

1944 年 3 月 27 日，美国代表怀南特、英国代表安德逊和比利时政府驻伦敦高级官员举行会谈。比利时方面做了合作保证，"让刚果矿山业者的代表来参加谈判"。9 月下旬开始，美、英、比三国合同开始生效，"比利时规定重开新科洛布维矿，并供应规定数量的矿石，比利时政府保证履行这一合同。当美英两国需要更多的刚果铀矿石以供军用时，比利时政府保证按合理的条件供给。如果军事需要已经得到满足，需要更多的铀矿石用于工商业方面时，应考虑到比利时政府的愿望，确保它分享这方面所取得的利益"。① 通过三国合同，美英将比属刚果的矿产牢牢地掌握在自己手中。

---

① ［美］格罗夫斯：《现在可以说了》，原子能出版社，1978 年，第 143 页。

比属刚果的铀矿供应远不能满足美国制造核武器的需求。1943年年初，美国决定调查世界范围内的铀和钍储藏量。矿产情报的调查工作由联合碳和碳化物公司以及军队承担。调查人员首先在南非的兰德金矿中发现了铀，其庞大的储量让美国人感到兴奋。同时这一发现也让美国注意到冲击矿床的沉淀物可以被视为铀的可能来源地，这样一来，全世界许多地区都可能出产铀。与此同时，铀通常存在于独居石之中。美国发现独居石的主要来源地是印度西海岸的特拉凡科尔邦、巴西，以及荷属东印度群岛，因此获取这些地区矿产的开发权是至关重要的。特拉凡科尔邦不在联合开发信托公司的管辖范围之内，英国负责单独同特拉凡科尔邦进行谈判。接着，英美又达成了与巴西和荷兰签订出售独居石矿砂的协议。① 1945年3月8日，美英联合政策委员会同意起草一个美国与巴西政府之间的协议草案，规定在未与美国政府磋商的情况下，巴西不得把含钍矿砂出口到任何别的国家。此外，委员会还同意对荷属东印度钍矿储存进行评估，如果那里的钍矿资源具有重大的开发价值，联合政策委员会就应和荷兰政府进行谈判，以取得对这些矿产资源的控制权。1945年7月6日，美国与巴西政府达成关于加强对巴西钍资源控制的正式协议。② 美国也曾试图对瑞典的铀矿石取得优先购买权，但是失败了。

三、窃取核情报

美国在第二次世界大战中决定制造核武器，主要考虑其可以应用到战争中，对赢得战争有所帮助，所以制造核武器的决定就是针对美国战

---

① ［美］格罗夫斯：《现在可以说了》，原子能出版社，1978年，第149页。

② Foreign Relations of the United States, 1945 Vol. 2, General Political and Economic Matters, Minutes of a Meeting of the Combined Policy Committee, p. 5, 10, 11.

时敌人——轴心国集团。在轴心国中，美国很清楚，以意大利和日本的科技和工业水平，即使窃取了美国的核情报，也不可能在战争中制造出核武器。相比之下，美国认为，如果不考虑安全条件的话，德国是有能力快速发展核武器的。所以在轴心国中，美国情报安全主要针对的对象就是德国，只有德国能够充分利用从美国窃取的核情报。最初，"曼哈顿工程"工区情报工作的主要任务就是：如果德国人全力以赴生产原子武器的话，他们能做到什么程度；另外一点，也是美国最为担心的，即德国是否会找出更简单的解决方法来制造核武器。

斯特朗将军在1943年9月向马歇尔将军提出建议："虽然敌人的机密科研工作主要在德国，但是同意大利的著名科学家会谈有可能得到关于这方面的重要情报……我们在适当的时机派一个民间科学家小组到盟军占领的意大利境内，在必要的军事人员的协助下进行这项调查。"①在斯特朗的建议下，格罗夫斯将军实施"阿尔索斯"行动，有效针对轴心国展开反情报活动。格罗夫斯建立了一个侦察小组，参加这个小组的科学家由格罗夫斯将军挑选，而军事人员则由陆军情报局副参谋长指派。这个小组的首要任务就是，尽可能搞到意、德两国在原子能领域的情报。

这个代号为"阿尔索斯"的小组在开始工作时，包括翻译人员在内，只有13个军事人员和不超过6个文职人员或者有军衔的科学家。该小组在意大利的任务是："取得在敌人针对新的战争武器和新的战术而建立的研究和发展机构中正在进行的科学发展的最新情报……一切重要人员、实验室和科学情报，一旦可被我们利用时，就必须在他们遭到分散或破坏之前占有他们。完成上述的任务使我们能够选择轰炸目标，

---

① ［美］格罗夫斯：《现在可以说了》，原子能出版社，1978年，第155页。

研究防御新武器的对策，进行反宣传，制订我们的战略和指导我们自己的军事研究计划。"①

　　1943 年年底，"阿尔索斯"小组成员在阿尔及尔会合。他们有两个备用计划，一个是随同第五军前进，在占领罗马时立即入城；另一个计划是在占领罗马之前，就从罗马和意大利北部绑架某些科学家，将其带回。但是因为盟军进展缓慢，所以两个计划都无法实行。1944 年 3 月，小组全体人员都返回美国。虽然首战未捷，但他们带回的任何一项信息都证明不虚此行。这次情报活动使美国做出极其乐观的结论："几乎所有得到的材料都指明，德国人在核能爆炸物的制造方面没有做特殊的实验工作。"格罗夫斯将军估计，他们或许还没有达到美国在 1942 年夏天已经达到的阶段。②

　　1943 年 12 月，在"阿尔索斯"小组登陆意大利之时，美国就同英国商量，可否在伦敦设立曼哈顿联络处，从事美英两国的情报工作，这一建议得到英国人的认同。1944 年 1 月，美国派卡尔福特上尉去领导这个联络处。卡尔福特认为，要制造一个原子弹，要有三个必备条件：（1）足够数量的科学家及助手；（2）原子弹的基本燃料铀和钍；（3）研究原子弹的实验室和制造它的工业方法。为此，卡尔福特首先开始研究核燃料问题。钍的主要产地在巴西和印度，由于战时各国的封锁政策，战争爆发后，德国没法取得核燃料，所以最有可能利用的燃料是铀。在比利时的欧冷（距离布鲁塞尔只有几公里），有过一大堆已精选过的铀矿石，铀的另一个唯一来源就是位于捷克的约赫姆塔尔矿，这里的矿石大部分被运到柏林郊外的奥厄公司铀厂。1944 年 7 月，卡尔福

---

① ［美］格罗夫斯：《现在可以说了》，原子能出版社，1978 年，第 156 页。
② ［美］格罗夫斯：《现在可以说了》，原子能出版社，1978 年，第 158 页。

特对整个矿区进行定期空中视察，并且详细研究了所拍摄的新矿井和地面活动的照片。对于每个矿的矿渣堆每次拍摄的照片，都要在显微镜下做测量。通过对矿石级别的了解，以及对矿渣堆所做的测量，美国可以准确推断出矿山的日产量。卡尔福特还制定了一个调查表，将轴心国的贵金属提炼厂，物理实验室，铀和钍的经营单位，制造离心泵和往复泵的工厂、发电厂以及其他已知的设备等，均列入调查表中。这些调查表又被制成总表，在得到确实情报说明其不是从事于原子能计划或承担原子能计划的供应工作时，才能把这些工厂或实验室从表上划掉。只要性质不明的工厂，就要利用空中侦察、地下组织、战略服务局和许多其他情报机关，对其进行检查。

此后，卡尔福特开始找科学家。他仔细查阅德国现期的和过期的物理杂志，仔细询问现在美国但出生在外国的核科学家，如费米、弗里希和玻尔，以及在瑞士、瑞典和其他中立国家的反对纳粹政权的教授和科学家，以便从他们那里获得有关德国科学家过去或现在行踪的情报。所有德国科学家的名字都被列入英美情报机构的侦察名单中，这些情报机构每天都在查阅偷运来的德国报纸，不久，美国就得到了大多数他们所注意的科学家的最新地址。通过卡尔福特的努力，第二个"阿尔索斯"小组到达欧洲大陆的时候，他列出一个详细的侦察目标，即所有的德国大科学家的简历，工作地点和住址，有关实验室、工厂和仓库的位置。①

四、早期核管控的提出

1944 年，科学家玻尔首先提出，原子弹的发展需要一个新的国际

---

① ［美］格罗夫斯：《现在可以说了》，原子能出版社，1978 年，第 160—162 页。

秩序。玻尔认为，要在原子弹造出之前，也要在战争结束前，邀请苏联参与到原子弹事务中，这样才有可能实现对原子能的国际控制，否则，就会引起战后的核武器竞赛。然而，罗斯福并不同意玻尔的建议，相反，他甚至下令对玻尔进行调查，以确定他是不是苏联间谍。

玻尔的建议虽然没有换来罗斯福的重视，但却引起了美国政府内部一些官员的重视。在战争最后一年，史汀生逐渐接受了玻尔的建议，支持在原子能方面实现国际合作。史汀生的观点首先基于他对原子弹性质的认识，他认为原子弹不仅仅是一个军事武器，也改变了人类与自然的关系，因此必须对原子弹予以控制，才能确保未来和平，确保原子弹不会对人类文明造成毁灭。① 从现实政治的角度看，史汀生认为，原子弹是战后盟国需要面对的最危险的问题，如果处理不好与其他国家的关系，就会导致原子武器竞赛，进而就会有原子战争的威胁。而解除这种威胁的最好办法就是，采取某种形式的国际控制。史汀生认为，可以将原子弹作为跟苏联讨价还价的工具，如果苏联同意美国在东欧和满洲的要求，美国就同意与苏联在原子能问题上进行合作。1945 年 3 月 15 日，史汀生与罗斯福最后一次见面，谈及有关原子能合作问题。史汀生认为，有两种考虑可以选择：（1）继续现在的保密政策，英美在核合作方面排斥苏联；（2）通过分享信息，转向国际合作。在罗斯福任期内，他没有更进一步提出对此问题的解决方式。② 直到罗斯福去世，他也一直保持着防止苏联知道有关原子弹信息的政策。

布什和科南特也逐渐接受了玻尔提出的建议，即在国际层面控制原子能，只不过在如何实现国际控制原子能的方式上，他们与玻尔存在分

---

① Documentary history of the Truman presidency, Vol. 1, p. 23.
② Stimson Diary, March 15, 1945.

歧。玻尔认为，实现国际控制的前提，就是赢得苏联的信任，而想要赢得苏联的信任，就要告诉苏联原子弹的存在，他想将美国制造原子弹的信息对苏联完全公开。但是布什认为，即使实行国际控制，也要将原子弹的垄断权掌握在美国手中。他和科南特都认为，英美的优势主要是"建造了制造原料的工厂"，而制造原子弹"并不是很困难，并且制造原子弹的方法可以被任何人尝试进行并取得成功"。基于这样的认识，他们认为，苏联用 3~4 年时间就可以制造出一个原子弹，所以美国的核保密政策只能提供暂时的优势，代价却是损害美苏长期合作关系。布什和科南特提出，在原子弹第一次爆炸后，美国应该披露除了制造和军事使用细节以外的全部信息。与此同时，还需要建立一个国际机构，确保可以自由进入所有国家的核研究实验室。布什在给邦迪的一份备忘录中提出，应该迅速成立一个委员会，及时处理国际原子能控制的问题。①

关于制造原子弹的消息，杜鲁门本可以早些知道。在他担任总统前的几个月，曾经作为国防计划调查委员会主席，派人到全国的军事工厂进行调查，其中包括田纳西州和华盛顿州。后来，史汀生打电话给杜鲁门，说要进行一次私人谈话。杜鲁门与史汀生会面后，便立刻下令取消对田纳西州和华盛顿州工厂的调查。杜鲁门正式得知原子弹的消息，是在其接任总统当天。第一次内阁会议后，史汀生留了下来，告诉杜鲁门一个正在进行中的巨大计划。后来，杜鲁门回忆说："直到史汀生部长在第一次内阁会议后告诉我为止，我始终毫无所知。"② 内阁会后第二天，曾担任罗斯福总统战时动员顾问的杰米·贝尔纳斯也告诉了杜鲁门关于原子弹的一些细节，"这个原子弹可能会将我们置于在战争结束时

---

① Martin J. Sherwin, *A World Destroyed: Hiroshima and its Legacies*, p. 168.

② ［美］哈里·杜鲁门：《杜鲁门回忆录》，东方出版社，2007 年，第 13 页。

命令我们自己条款的位置"。①

由于原子武器事关重大，史汀生决定向杜鲁门介绍详细情况。4 月 24 日，史汀生给杜鲁门写信说："亲爱的总统先生，我认为很有必要赶快跟您谈一件极其秘密的事……这件事对我们目前的外交关系有如此重大的意义，对我在这方面整个思想又有如此重大的影响，因此我认为您应该马上知道这件事情。"② 第二天，杜鲁门与史汀生会面，他们全面讨论了原子弹问题。史汀生首先向杜鲁门介绍原子弹的破坏性和重要性，它"将会是人类历史上最为恐怖的武器，能够摧毁整个城市""如果合理使用原子武器的问题解决了，我们就有机会将世界带入世界和平和我们的文明都可以被拯救的境地"。③ 紧接着，他告诉杜鲁门，美国可以在 4 个月内造出原子弹，但是其他国家在未来也能够制造出原子弹。史汀生最关心的是"与其他国家分享的问题"，并且"如果分享了，应该根据什么条款，变成了我们外交关系中主要的问题"。④ 虽然史汀生反对长期坚持保密政策，支持国际控制，但是他并没有提出解决问题的详细方法，他同布什一样，仅仅呼吁建立一个委员会，考虑"临时战时控制以及战后研究、发展和控制"。⑤

根据史汀生的建议，杜鲁门成立了一个委员会，并且责成该委员会研究新武器可能产生的意义。史汀生担任该委员会主席，其他成员分别是纽约人寿保险公司主席乔治·哈里森（George Harrison）、海军副部

---

① Harry S. Truman, *Year of Decisions*, Garden City, N. Y., 1956, p. 87.

② ［美］哈里·杜鲁门：《杜鲁门回忆录》，东方出版社，2007 年，第 93 页。

③ Stimson, "Memorandum for the President," April 25, 1945, and reprinted in Stimson, "Decision," pp. 99-100.

④ Stimson, "Memorandum for the President," April 25, 1945, and reprinted in Stimson, "Decision," pp. 99-100.

⑤ Stimson Diary, April 25, May 1, 2, 4, 1945.

长拉尔夫·巴德（Ralph Bard）、助理国务卿威廉·克莱顿和詹姆斯·贝尔纳斯，三位著名科学家——万尼瓦尔·布什、卡尔·康普顿，以及詹姆斯·科南特。这个委员会由大企业负责人、军事文官和科学机构代表共同组成。史汀生本想找一些国会议员加入委员会，但是这样会导致委员会扩大到不能管理的规模，因此委员会中并没有议员参加。此外，史汀生还建立了一个科学顾问小组，由奥本海默博士、阿瑟·康普顿博士、劳伦斯博士、费米博士组成。科学家顾问小组和临时委员会共同得出一个结论，由史汀生给杜鲁门。①

刚刚成立的临时委员会将其讨论焦点集中在对原子能实行国际控制上。临时委员会第一次会议在 5 月 9 日召开，首次将原子弹和外交问题以及战时战略联系起来。5 月 18 日，临时委员会再度召开会议，提出在原子弹第一次试验成功后，应该由总统发表一个声明，这个声明应该包括美国想要采取的必要的法律步骤，还应包括实现合适的原子控制的意图。②5 月 31 日，临时委员会召开会议，具体讨论了如何实行国际控制的问题。奥本海默认为，苏联在科学上的态度是友好的，美国可以在科学方面向苏联敞开大门，但并不等于告诉苏联所有美国成果的细节。美国应该向苏联表达希望与其合作的愿望，以此实现国际控制。马歇尔将军认为，苏联在军事事务上采取看似不合作的态度，这是因为他们感到有必要保持安全。他认为，有同样思想的国家应该联合，这样就可以迫使苏联与这些国家合作。他甚至提出，可以邀请两位主要的苏联专家作为第一个原子弹爆炸的见证人。

6 月 11 日，芝加哥冶金实验室的科学家们提交了一份请愿书，又

---

① ［美］哈里·杜鲁门：《杜鲁门回忆录》，东方出版社，2007 年，第 383 页。
② Documentary history of the Truman presidency, Vol. 1, p. 20.

称"弗兰克报告"。科学家认为，由于核武器具有几乎无限的毁灭力量，如果美国尝试保持科学秘密，并且垄断原料供应的话，很可能会导致战后军备竞赛，并且会带来不安全因素，美国需要在原子领域实现国际合作。

"弗兰克报告"促使临时委员会重新考虑，是否在袭击日本之前告知苏联这一问题。临时委员会6月21日再次开会，在布什和科南特的建议下，成员们一致同意，杜鲁门应该在合适的时机告诉苏联，美国正在制造核武器，并且马上要取得成功，美国想要用核武器来轰炸日本。他们认为杜鲁门还可以表达这样一种愿望，希望未来可以讨论两国合作，使核武器有利于和平。然而，美国不能提供更多详细信息。考虑到《魁北克协议》的各项条款，只有经美英双方同意才能对第三国进行原子行动，美国也要在轰炸日本之前，将此行动与英国讨论。[1] 史汀生向杜鲁门表达了委员会的建议，他进一步提出，如果总统"认为斯大林与他的关系好"，在即将到来的波茨坦会议上，总统就可以告诉斯大林，美国正在发展一种原子弹，而且计划使用这种武器打击日本，总统还可以向斯大林提出讨论战后国际控制事宜。如果斯大林想要更多信息，总统可以用"不准备在这个时候讨论这个事情"予以拒绝。史汀生的行为表明，他希望谨慎地建立一个苏美合作的有限的基础，[2] 这个方法让"原子外交"这个选择开放化。[3]

这次会议实际上表明，美国人既想维持其对核武器的垄断地位，因

---

[1]　Documentary history of the Truman presidency, Vol. 1, p. 100.

[2]　Stimson Diary, July 3, 1945, Stimson Papers.

[3]　Stimson Diary, July 3, 1945. For advice on this matter, also see Conant and Bush to Harrison, June 22, 1945, and Harrison to Stimson, June 28, 1945, H-B 77. Roger Ma-kins, the British representative, preferred a policy of greater evasion in dealing with the Soviets. (Memorandum, ca. June 22, 1945, H-B 37.)

为这种垄断将会成为他们在以后国际事务安排中，与苏联讨价还价的有利砝码；又想和苏联达成一种平衡，共同致力于国际控制原子能，这种平衡不至于惹怒苏联，并且能够最大可能避免军备竞赛。

1945 年 7 月 16 日，人类历史上第一颗原子弹在新墨西哥州爆炸成功。7 月 17 日，手握原子弹王牌的杜鲁门参加了波茨坦会议，他需要做的是找准出牌时机，让美国利益最大化。杜鲁门并未完全接受临时委员会在 6 月 21 日给他的意见，他选择了选择性地接受建议。7 月 24 日，杜鲁门用不经意的语气告诉斯大林，美国拥有了一个"新的有不可置信的毁灭能力的武器"。斯大林听后，用更为漠不关心的语气回答道，他希望美国能够将这个武器很好地用到对日作战中。这是具有讽刺意义的一幕，杜鲁门不想告诉苏联过多关于原子弹的细节，他认为这样会达到压迫苏联的目的。但是因为苏联所部署的间谍网，斯大林比杜鲁门要提前三年知道这件事情，他所知道的"曼哈顿工程"的细节，甚至比杜鲁门还要多。杜鲁门遵循了史汀生、科南特、奥本海默以及其他美国人的希望，在波茨坦会议上打出了原子弹这张王牌，但是这张王牌是否真的帮助美国实现了其目的，非常令人怀疑。

美国想利用原子弹进行讨价还价，让苏联在东欧和日本问题上妥协。从时间上看，杜鲁门是在苏联力量在东欧确立后，同时也是在波茨坦会议上得到承认后，才将美国掌握原子弹的消息告诉斯大林，这个时机显然对美国实现其在东欧问题上的目标没有任何帮助。从内容上说，杜鲁门仅仅是在对日投弹之前，将原子弹的信息传递给了斯大林，但是并没有提出有关国际控制和战后合作的任何想法，这对于临时委员会成员们最为关心的防止战后出现原子武器竞赛的问题，实际上也没有任何帮助。因此，杜鲁门的做法无论从时机上还是从内容上，都是不适宜的。从结果上说，杜鲁门此举也没有帮助美国实现任何目标。杜鲁门的做法，显示出他对于战后原子能的国际控制问题还没有成熟的考虑，也没有充分意识到对原子能实施控制的重要性，这使得战后美苏在原子合作问题上迟迟不能达成共识，最终不可避免地导致核扩散。

第四节　小　结

1939 年 10 月到 1945 年 8 月，是美国原子弹从无到有的创生时期，也是美国针对核武器在认识上逐步深化的时期。这一时期美国逐渐形成了通过核保密措施维持核垄断的核安全政策，并且将这一政策贯穿其国内外核安全管理实践的始终。

从国内层面上看，这一时期美国的原子能管理权是逐渐上移的，而且逐渐走向集中。在齐拉特把爱因斯坦的信件交付罗斯福手中时，他只是将原子能当成一个科学上的新发现，只不过这种发现具有远大的发展前景和应用价值。因此，罗斯福将核研究的管理权归于铀委员会。铀委员会只是一个学术管理机构，没有自己独立的资金来源，而且在铀委员会负责原子能事务期间，也只是对核物理进行了学科发展上的投入，还谈不上应用。

在布什成立国防研究委员会之后，铀委员会并入其中，这标志着原子能研究从纯科学领域开始向实用价值研究过渡。但是，此时的原子能研究也只是国防研究委员会所支持的众多研究项目中的一个，并没有得到充分重视。

"莫德报告"出台后，因其对原子弹应用于战争的乐观前景做了可靠预测，而这个前景又深深地打动了罗斯福，罗斯福才决定成立最高政策小组。最高政策小组全权负责原子能事务，小组的政府代表是副总统华莱士，这标志着原子能研究的管理权开始提升到国家最高领导层手中。从最高决策小组的构成看，文官和军官各两名代表，这也标志着罗斯福起初就考虑，对原子能实行文武官员联合管理方式。在最高决策小组成立后，美国的原子能研究已经远远脱离了学术管辖的范畴，其实用价值也远远超出学术价值，甚至可以决定战争命运的发展方向。

随着原子能的价值被人们逐渐认识，罗斯福对核问题的管理也逐渐与其他事务有所区别。虽然最高政策小组的成立，已经将原子能的秘密集中在美国最小范围的总统顾问圈子中，但是罗斯福在原子弹决策方面，逐渐走向个人决策。1942 年，顾问们反对美国与英国继续在核合作方面保持紧密的同盟关系，他们认为应该限制与英国的信息交换。但是在 1943 年 5 月，罗斯福与丘吉尔单独会面时，两人却促使美英两国在核合作方面结为更紧密的同盟。1943 年 8 月，美英在魁北克会议达成协议，将两国核保密的事情固定下来。罗斯福并没有将自己的考虑透露给周围的顾问们，这意味着他在原子能问题上逐渐走向了个人主义，将原子能的最高决策权掌握在自己手中。[1]罗斯福对原子能管理的认识，同样也在逐步深入，从最初将其归入学术机构管理，到归属最高政策小组管理，直至最后将原子能的管理权掌握在自己手中。罗斯福不仅将原子武器视为可以决定战争胜利的武器，还将其视为可以决定未来世界方向的武器。

杜鲁门并不像罗斯福那样拥有丰富的政务经验，在很多事情上需要

---

[1] Atomic Energy Commission Papers, Bush, "Memorandum of Conference with the President", June 24, 1943 (Doc. No. 133), Bush to Harvey Bundy, Aug. 6, 1943 (Doc. No. 169).

依赖顾问们的建议。但是在原子能问题上，杜鲁门似乎沿袭了罗斯福的作风，显示出某种程度的独立性。他在波茨坦会议上对苏联的"威慑"就是这种独立的表现。

"曼哈顿工程"工区内部所实施的严格安保措施，也是为了保证核机密不对外泄露，维持美国的核垄断。

从国际层面上看，美国通过《魁北克协议》，将核保密政策确定下来，通过成立联合开发信托公司在世界范围内攫取核原料。虽然美国已经考虑建立国际控制机构实现对核武器的国际控制，但这种国际控制的前提也是维护美国的核垄断。杜鲁门的做法让战时实现国际核控制的想法走向破产，同时更激化了与苏联的矛盾，刺激了苏联加快发展核武器。

第二章 美国国家核安全体系的创立

第一节 创建国家核安全法律保障机制

广岛和长崎两颗原子弹的爆炸加速了第二次世界大战的结束。面对如此威力空前的新型炸弹，如何对它们进行安全管理，如何确保它们不被滥用，成为杜鲁门政府必须面对的问题。杜鲁门政府通过为原子能立法，为核安全创立了法律保障基础；通过规范决策指挥权，保障了核武器不被滥用；通过建立核武器执行保障机制，让核武器管理权属更加明晰。法律保障机制、决策指挥机制、执行保障机制的创立也标志着美国国家核安全机制的创立完成。① 核安全机制的创立，让核武器的管理有了制度性保障。美国又建立了核军事安全体系，作为维护国家核安全的具体措施。

---

① 笔者对"核安全机制"的定义，参考了王帆、卢静对"国家安全机制"的定义，参见王帆、卢静《国际安全概论》，世界知识出版社，2010年，第72页。

一、参议院原子能特别委员会的成立

美国对战后在原子能管控方面的讨论由来已久。早在 1941 年 10 月，布什向罗斯福建议加快核研究的计划时，就已经开始讨论战后控制核武器的需要了。对于核武器管控最为关注的人员，要数"曼哈顿工程"的科学家，他们很清楚核武器的毁灭能力。1943 年，很多科学家呼吁，要重视使用原子弹可能在国内和国际层面带来的政治后果，同时重视和平时期利用原子能的问题。① 1944 年，布什重提战后原子能控制问题。为了鼓舞实验室低迷的士气，他和科南特说服格罗夫斯，建立一个调查委员会，专门研究美国的战后原子能政策，这个委员会由科学顾问理查德·托尔曼（Richard C. Tolman）博士带头。调查委员会认为，对战后原子能实施管控，应该在战后原子能研究中保持优先地位。委员会建议，成立一个与布什的"战时科学研究与发展办公室"相似的国家权威部门，主管资金分配，并推动研究。② 9 月，布什和科南特又给陆军部长史汀生送去了两份报告，重新强调应对战后原子能控制予以高度重视。他们认为，原子弹的秘密不可能永远保持下去，应该在国内建立一个顾问委员会，考虑国内原子能的使用问题；在国际层面，他们倡导原子能信息应实现自由交流。但是直到罗斯福去世，美国一直未能在国际和国内层面对控制原子能做好系统准备。

杜鲁门就任总统后，根据史汀生的提议，美国成立了一个临时委员

---

① Byron S. Miller, "A Law Is Passed: The Atomic Energy Act of 1946", *The University of Chicago Law Review*, Vol. 15, No. 4 (summer, 1948), pp. 799-821.

② Richard G. Hewlett and Oscar E. Anderson, *A History of the United States Atomic Energy Commission*, Vol. 1, *The New World*, 1939—1946, Washignton, D. C.: U. S. Atomic Energy Commission, 1972, pp. 324-325.

会，该委员会致力于就原子能发展提出建议。作为临时委员会职责的一部分，杜鲁门要求委员会起草战后有关原子能控制的法案。[1] 这样，原子能的立法问题终于被提上日程。但是，在欧战即将结束的背景下，临时委员会最初几次会议所讨论的问题，都是如何对日本投掷原子弹，以便加快结束太平洋战争，对战后的原子能立法问题并未涉及。只在 5 月 31 日会议中，临时委员会讨论了战后对原子能的控制以及原子能工业的发展。在这次会议上，史汀生提出战后原子能项目发展的总体方针，即美国应该保持工业设备完整，获得大量可用的军事、工业、技术材料，原子能工业的发展应该由此开启。

对原子能立法产生实质性推动的会议，当数 1945 年 6 月 21 日的临时委员会会议。科学研究与发展办公室主任万尼瓦尔·布什提议，成立一个战后委员会，处理所有与政府研究和发展原子能相关的工作，他还对委员会的责任、人员构成进行了说明。新委员会本身并非行使责任的机构，而是战后制定与原子能相关的政策、对原子能进行控制的最高决策机构。新委员会共有 9 人，文官 5 人，其余 4 人由陆军和海军各派两名代表。该提议最终得到临时委员会一致同意。临时委员会决定迅速成立一个附属委员会，研究与布什提议相关的所有问题，并且草拟立法。这个附属委员会由陆军部副部长特别助理肯尼斯·罗亚尔（Kenneth Royall）、著名私人律师威廉·L. 马布里（William L. Marbury），以及格罗夫斯办公室的 1 名工作人员组成。[2]

8 月，一份以"罗亚尔—马布里计划"为蓝本的报告被提交给国

---

[1] Richard G. Hewlett and Oscar E. Anderson, *A History of the United States Atomic Energy Commission*, Vol. 1, *The New World*, 1939—1946, Washignton, D. C.: U. S. Atomic Energy Commission, 1972, pp. 344-346.

[2] Documentary History of the Truman Presidency, Vol. 1, p. 99.

会，最终形成《梅—约翰逊法案》。① 该法案提出了与战时"曼哈顿工程"区域管理相匹配的战后原子能管理计划，而且还要求战后原子能管理机构应该包括一个9人监督委员会和一个4人顾问小组，该管理机构还要有1名像格罗夫斯一样拥有绝对权威的全职管理者。法案中最重要的部分，就是提出由陆军和海军官员控制核武器，建立一个永久的"曼哈顿区"。在原子工业方面，该法案只说明了原子能的军事应用，没有对和平时期原子能在工商业方面的使用和发展做出规定，也没有通过津贴或者解密等方式，鼓励原子能用于非军事化研究。以上规定充分说明，《梅—约翰逊法案》支持战后美国军方对原子能的完全控制。在和平时期要求军方对原子能实行绝对控制的提议，当然会遭到参与"曼哈顿工程"科学家的强烈反对。科学家对格罗夫斯在"曼哈顿工程"区域内近乎独裁的管理方法早已不满，他们讨厌让军队继续控制原子能的前景，而且布什和科南特也不同意《梅—约翰逊法案》提出的管理方式。

1945年秋，《梅—约翰逊法案》在参议院引发了激烈争论。这场争论的基本分歧在于：原子能究竟应该由谁控制，原子能究竟首先是一种军事力量，还是一种和平建设的潜在动力资源。为此，许多议员针对原子能控制问题提出了自己的观点。1945年9月6日，参议员范登堡提出，建立一个联合的国会委员会，全面研究原子能的发展、控制和使用。9月12日，犹他州参议员托马斯（Thomas）提议建立一个委员会，由议会成员、公众以及最高法院的人员组成，今后由该委员会制定有关原子能的政策，并且向国会提出立法草案。10月3日，科罗拉多州参

---

① Richard G. Hewlett and Oscar E. Anderson, *A History of the United States Atomic Energy Commission*, Vol. 1, pp. 415–433.

议员约翰逊提议，成立一个由 9 个委员组成的兼职委员会，广泛控制国内原子能，军队成员可以加入该兼职委员会，并且担任主要领导。[①] 最引人注目的议案，是来自康涅狄格州的参议员麦克马洪在 1945 年 9 月 6 日提出的 S1359 号提案。麦克马洪建议，成立一个由 5 名议员组成的原子能控制委员会，该委员会将负责美国国内原子能的发展与控制。在国际层面，麦克马洪建议，联合国安理会各成员国将在互惠基础上，建立一个针对弹药生产的国际监督系统。

10 月 3 日，杜鲁门向国会提交了第一份强调原子能立法的咨文。该咨文提出，为了和平和国家安全，控制原子能将是非常必要的，而且美国还要成立一个拥有广泛权力的监督委员会。该委员会将会控制所有的原子能设备，有权取得原材料、铀矿，以及其他的发展原子能所必需的材料；该委员会要推动原子能领域的研究、发展和开采，有权为相应机构颁发执照；该委员会有权对原材料的进口和出口进行限制，有关原子能的治安条例和违反处罚最终解释权均归委员会。此外，该咨文规定，原子能委员会的成员必须由总统任命，并且经参议院同意，原子能不应由军事部门控制。[②] 这是杜鲁门首次明确表态，要对原子能进行立法，并且成立原子能委员会。杜鲁门对原子能委员会的构想，既继承了布什和麦克马洪所提出的设想，又对他们的观点有所发展。这种继承性体现在，他坚持由文官控制原子能的原则，将军队排除在原子能的管辖权之外。发展性则表现在，杜鲁门所构想的原子能委员会，不仅是布什所提出的关于原子能事务的最高决策机构，也不仅是麦克马洪所提出的

---

① U. S. Congressional Serial Set, 79th Congress 2d Session, Calendar No. 1251, Report No. 1211, p. 1.

② U. S. Congressional Serial Set, 79th Congress 2d Session, Calendar No. 1251, Report No. 1211, p. 3.

关于原子能的最高管理机构，还是关于原子能事务的立法机构，并且拥有司法解释权。杜鲁门所构想的原子能委员会是集决策权、立法权、管理权于一体的机构，虽然这一设想中的委员会拥有在原子能决策、立法、管理上的绝对权威，但是杜鲁门并没有将原子武器的最终使用权交给原子能委员会。这篇咨文也提到了关于原子能的国际管控。杜鲁门认为，要推动关于放弃使用核武器的国际协议的签署，就要与英国和加拿大进行讨论，在联合国框架下对原子能进行足够的国际控制。①

10 月 29 日，麦克马洪提出参议院 179 号决议案，建议成立一个参议院原子能特别委员会——展开与原子能发展、使用、控制相关的全面、完整、持续的研究和调查。当天，参议院就通过了这项决议。决议决定成立原子能特别委员会，该委员会由总统任命 11 名参议院成员组成，总统在这 11 人当中选出一人担任主席。所有参议院和众议院代表提出的与原子能发展、使用、控制相关的法案和决议，都要提交给这一特别委员会。

二、争论中《1946 年原子能法》的出台

参议院成立原子能特别委员会后，原子能的立法权问题最终得到解决。麦克马洪担任该委员会主席，并在拟订原子能计划的立法工作中，发挥了重要的领导作用。但是在原子能的控制权问题上，争论仍在继续。

参议院原子能特别委员会成立后，召集了很多参加过“曼哈顿工程”的科学家，举行听证会。听证会的讨论结果认为，为了推动原子

---

① U. S. Congressional Serial Set，79th Congress 2d Session，Calendar No. 1251，Report No. 1211，p. 3.

能发展，需要一个全职的文官委员会。该委员会要有广泛的权力，可以汇集私人研究、发展并且能积极推动军事、工业、科技的研究，该委员会拥有原子弹制造所需要的所有材料。原子能立法应该可以防止有直接军事价值的信息流向国外，同时规定了军队的不同军种间与军事应用原子能的关系。

从杜鲁门在 10 月 3 日的咨文看，他本人赞成文官控制原子能。1945 年 11 月 30 日，杜鲁门向掌管原子能计划的几个官员下发了一份备忘录，提出应当修正《梅—约翰逊法案》，应当使民用人员在原子能控制中占据优势；与此同时，杜鲁门还向参议员麦克马洪指出由文官控制原子能的必要性。12 月，杜鲁门在有帕特森、福雷斯特尔、麦克马洪、格罗夫斯等参加的一次小型会议上，再次提出，整个原子能计划及其执行应当由文官控制，政府应当垄断原料、设备和生产过程。

12 月 20 日，麦克马洪将《S1717 号决议案》提交参议院。该提案要求由全职的文职官员组成一个委员会，负责拥有裂变材料，运行所有的材料生产设备，确保自由展开科学研究，制定使用原子能的设备颁发许可，以及与原材料、专利、原子弹和其他事情相关的辅助规定。1946 年 2 月，在给麦克马洪的一封信中，杜鲁门强调了原子能立法所需要考虑的因素。他认为新成立的委员会要由 3 名全职文官组成，政府对放射原子能材料有单独的生产和拥有权；对使用原子能的设备有强制性要求，实施非独家的私人专利许可；充分保证自由的科学研究，促进建立和加强国际协议的规定。① 《S1727 号决议案》提出后，参议院举行了大量听证会，对制定 1946 年原子能法产生的相关问题展开充分讨论。

---

① U. S. Congressional Serial Set, 79th Congress 2d Session, Calendar No. 1251, Report No. 1211, p. 7.

听证会后4个星期，参议院特别委员会进入了考虑立法的秘密会议阶段。作为立法工作的基础 S1717 号决议案，被委员们进行了逐字逐句的更改，他们不仅考虑了几次听证会提出的意见，也考虑公众讨论所提出的问题。鉴于科学家们在整个原子能问题中所扮演的重要角色，委员会也极为重视科学家们的提议，在法案中加入了科学团体所提出的修改意见。总之，最后修改的法案是全体委员深思熟虑的结果，他们想设计出一个最好的方案，无愧于他们肩上的重大责任。

就在参议院原子能特别委员会在原子能立法问题上展开紧锣密鼓的筹备时，军方依旧对文官控制原子能的提议表示不满。但是在这场争论中，杜鲁门坚决支持由文官控制原子能。1946 年 1 月 23 日，在答复陆军部长和海军部长的备忘录中，杜鲁门依然坚持，国会为控制原子能成立的委员会应当完全由文官组成。他虽然同意在出现危机时，武装部队人员需要在政府部门担任一些特别适合他们经验的职位，但总体而言，杜鲁门认为，一切分裂性物质的占有、生产和处理，都必须由政府实行绝对的垄断。和平时期，利用原子能的目的应当是为人民造福，并且尽可能广泛地为人民服务。只有由政府垄断原子能，才能保证国家的安全，以及最大限度地利用原子能为社会谋福利。① 杜鲁门的观点并没有获得认同，反而遭到军方持续反对。3 月 8 日，麦克马洪向杜鲁门报告说，《S1717 号决议案》将遭遇新困难。参议员范登堡针对这项决议案提出一个修正案，该修正案建议成立军事联络局，实际上这个联络局和拟意成立的联合国原子能委员会是重复的。但该局可以先于联合国原子能委员会了解一切事情，它有权在它所选择的任何时候，同联合国原子能委员会展开磋商，它有权将联合国原子能委员会所采取的"影响国

① ［美］哈里·杜鲁门：《杜鲁门回忆录》，东方出版社，2007 年，第 4—5 页。

防"的任何行动提请总统注意。3 月 12 日，参议院原子能委员会通过
了这项修正案，这项修正案将取消文官至上的原则，军事部门有权否决
原子能委员会的工作。军事部门要求这种否决权的理由是：维护国家的
安全，首先是武装部队的任务。在杜鲁门的眼中，这种说法是错误的。
他认为，维护国家的安全和国防，是一种有系统的关系政府各部门的职
责，而交给军事部门的只是其许多方面中的一面。① 3 月 14 日，杜鲁门
在记者招待会上提出："我不认为一般公众甚至国会人士都清楚地了解
由文官控制这个委员会的含义。我的意见是这样的：军事部门当然要起
重要的作用，应当同它商量；但如果认为只有军事部门能够保卫国家的
安全，那就错了。直接对总统负责的文官组织应当担负平衡地大力发展
原子能的全部责任，以利于维护国家的经济利益、国家的安全以及保持
对其他国家和世界和平的坚定明确的立场。现在，总统首先是美国武装
部队的最高统帅；他所直接管辖下的文官委员会，绝不恢复该武装部队
的正常职务。"②

　　就在杜鲁门坚持文官控制原子能之时，国际原子间谍丑闻爆发，阻
止了文官控制原子能委员会以及国际控制原子能的发展势头，麦克马洪
和白宫不得不在原子能管理上做一些重大让步。修改后的法案规定，美
国将成立一个军事联络委员会，该军事联络委员会将由武装部队控制，
将在原子能的军事应用方面与新委员会展开合作，如此这般，在国内原
子能控制方面，军队在委员会中拥有强有力的话语权。《麦克马洪法
案》的最后通过，意味着《梅—约翰逊法案》支持者的主要目标最终
得以实现，对文官委员会达成的决定，还可以展开军事评论。在修改后

---

① ［美］哈里·杜鲁门：《杜鲁门回忆录》，东方出版社，2007 年，第 9 页。
② ［美］哈里·杜鲁门：《杜鲁门回忆录》，东方出版社，2007 年，第 9 页。

的法案中，军队仍然对铀和钍的库存负责，并且仍然在收集和评估外国在原子弹进展的情报方面，掌握着绝对的权威。[①]

与此同时，对原始法案的调整与改变，有一部分是将"宣传信息"的标题改成"控制信息"。"宣称建立自由宣传作为信息领域的主要原则"被抛弃了，伴随而来的是区别"基本科学"和"相关的技术信息"。[②] 限制分享信息，有效地回避了英美在原子能方面的全面信息交换，也让国际控制原子能的前景变得更为模糊。英国科学家和加拿大官员牵涉间谍丑闻，极为致命地削弱了英国首相艾德礼和加拿大总理金在未来与美国在原子能方面展开合作的话语权，最终导致美国在原子能方面采取更为严格的排斥政策。[③]

最终，在这场原子能控制权斗争中，麦克马洪通过妥协，平衡了军官和文官对原子弹的控制，但是文官依然掌握着控制原子能的主要权力，1946 年 7 月，杜鲁门在法案上签字。

三、《1946 年原子能法》对核安全管理的规定

新出台的《1946 年原子能法》，从原子能研究、原子材料控制和原子信息控制等几个方面，对核安全做了严格控制的说明。

首先，大力支持原子能研究。原子能研究是核武器发展的技术保障，只有支持原子能研究，才能确保美国在核武器技术上享有领先优势，才能保证美国的核安全。《1946 年原子能法》规定，原子能委员会

---

① Gregg Herken, *The Winning Weapon*：*The Atomic Bomb in the Cold War* 1945—1950, Princeton University Press, Princeton, New Jersey, 1988, p. 148.

② Gregg Herken, *The Winning Weapon*：*The Atomic Bomb in the Cold War* 1945—1950, Princeton University Press, Princeton, New Jersey, 1988, p. 148.

③ Gregg Herken, *The Winning Weapon*：*The Atomic Bomb in the Cold War* 1945—1950, Princeton University Press, Princeton, New Jersey, 1988, p. 115.

要通过合同、协议、拨款、援助和贷款等方式，支持相关的原子能研究和发展：核进程；原子能的理论和生产，包括进程、材料、与这样的生产相关的设备；使用放射和裂变材料用于医疗、生物、卫生或军事目标；使用包含在生产过程中的裂变或放射材料及过程用于所有的目的，包括工业以及在研究和生产活动中保护健康。原子能委员会拥有独立研究的权力，他们要尽最大努力保护国家安全，防止对公众安全和健康可能造成任何危害。

其次，垄断裂变材料。政府对裂变材料生产实施绝对垄断，是在国内有效控制原子能不可缺少的措施。裂变材料是原子弹的主要成分，裂变材料的制造，可能会对公众健康和安全产生严重危害，政府有责任将这些危害降到最低点。允许私人制造裂变材料，有可能会造成私人制造大量破坏物质的局面。因此，政府必须通过颁发执照，控制任何私人转移或运输裂变材料，原子能委员会也要为所有的原材料设定担保价格。

最后，对原子能实行严格信息控制。美国认为，控制信息对国家安全来说至关重要，原子能委员会负责控制原子信息的传播，以确保国家安全。只有当议会宣布已建立有效的国际防卫，可以有效防止任何国家或个人使用原子能进行破坏后，那些用于工业目标的关于使用原子能的信息，才能够由其他国家在互惠基础上分享。任何人合法或非法地占有、接近、控制原子能，或者被委托任何与禁止信息相关的文件、计划、模型、图片、介绍、应用、笔记、信息等，泄露给任何组织或个人，其目的是危害美国，或者是让其他国家获取核优势，都要遭到惩罚，处以2万美元以下罚款，以及不超过20年的刑罚。①

---

① U. S. Congressional Serial Set, 79th Congress 2d Session, Calendar No. 1251, Report No. 1211, p. 24.

《1946年原子能法》将"曼哈顿工程"中有关原子能的安保措施，用法律形式予以确定，与第二次世界大战时期相比，这一时期的安保措施更为严格，范围也更广。《1946年原子能法》的确立，让美国走上了绝对核保密的道路，关闭了与任何国家进行信息交换的大门，自然也拒绝了与任何国家合作开发核武器的可能。

第二节　创建国家核安全监督管理机制

一、原子能委员会的成立

1945年，美国在日本广岛和长崎分别投下原子弹，两座城市瞬间被夷为平地，美国报纸随即宣布美国进入"原子世纪"。第二次世界大战结束后，虽然一些科学家、学者和政治人物认为这项毁灭日本的技术可以用于和平目的，他们甚至已经勾勒出原子能技术利用的美好前景：原子能驱动飞机、火箭和汽车，原子能家庭发电机为每家每户提供充足的电力和供暖系统，大型核电站为全国供电，甚至还可以把微型原子能发电机安装到衣服上，实现冬暖夏凉。但是美国社会依然被原子弹的巨大威力所震撼，担心它一旦落入其他国家之手，将对美国造成严重威胁，这种社会心理成为原子能发展方向的决定性因素。从技术而言，原子弹是美国军方的秘密武器，核技术是美国的军事秘密，美国政府当然不会拱手让出对原子能技术的绝对控制权，而是决定继续将其用于军事用途。在这种社会技术背景下，杜鲁门总统签署了《1946年原子能法》。该法认为"原子弹的军事价值是显而易见的"，"但目前还无法确定民用原子能将对美国社会、经济和政治结构产生何种影响","控制限制信息,以确保国防与安全"。该法不允许发展民用核能,只是允许进行科学研究,鼓励科技进步。

因此,《1946年原子能法》废除军管模式,撤销"曼哈顿工程军"区,实行民管模式,确立联邦政府对核技术拥有绝对控制权,把"曼哈顿计划"的控制权和其他核事务管理职能从军方移交给非军方机构美国原子能委员会负责。正如该法在国会通过时采用的副标题一样,《1946年原子能法》是一项"开发和控制原子能的法律"。美国原子能委员会继承军方在战争时期对核能的政府专制管理模式,全面负责核能研究和发展工作。从此,美国核能监管体制进入原子能委员会时代。

《1946年原子能法》的出台,标志着美国在原子能管控方面拥有正式的法律文本,不仅是美国原子能发展的法律保障,也是美国用来完善原子能管理机构的政策准则,《1946年原子能法》的最高目标就是确保国家的防御安全。在最高目标之下,发展原子能的目的在于,改善公共福利,提高生活水平,加强私人企业的自由竞争,推动世界和平。为了实现这些目标,美国需要坚持政府对原子能信息、原子能生产、原子能研究、原子能发展方面实施控制。具体来说,政府要协助并且扶植私人研究,鼓励取得科学进步;控制科技信息,允许通过信息宣传,奖励科技进步,并且在互惠基础上分享信息;加快原子能在工业上的实际应用,加强对原子能的保护,防止其用于毁灭性目的;政府要对裂变材料的生产、拥有和使用进行控制,确保共同防御和安全,确保裂变材料在该领域被尽可能广泛开采利用。政府对原子能的管理,要与未来的政策以及国际协议保持一致,国会要随时了解原子能研发的情况,及时采取立法行动,以符合形势发展的需要。

在《1946 年原子能法》的指导下，美国创立了一系列原子能管理机构。第一，杜鲁门政府成立了原子能委员会，原子能委员会是一个非军事机构，负责美国原子能研究与生产工作的上层管理。① 原子能委员会由 5 个文职官员组成，成员由总统任命，客观上须与参议院展开协商，并与其建议保持一致。委员会内部需选定一名主席，负责委员会的行政和日常事务。在参议院的批准和建议下，由总统任命主席，总统还可以在委员会成员的任命和辞退方面提出意见。在原子能委员会之下，设研究部、生产部、工程部、军事应用部等分支机构。原子能委员会是美国国内控制原子能生产、研究、发展，以及支持和促进私人研究和发展的主要机构，在其工作范围内拥有广泛的权力，并且对其职权范围内的事务予以全面控制。

第二，成立军事联络委员会。该委员会委员由国防部长委任，最初由海军、陆军各派代表组成，后来在空军成立后，又加入了空军代表；另外，委员会还设有 1 名主席，军人或文职官员均可担任主席职务。这个联络委员会经常向原子能委员会"全面汇报国防部所进行的一切有关原子能的活动"②，也要给原子能委员会提供关于原子能军事应用的信息，包括用于军事研究目标的原子能发展、制造、使用、存储、分配裂变材料，以及控制与生产或使用原子武器信息有关的建议和咨询。反之，原子能委员会必须经常让军事联络委员会了解其在军事方面的全部活动。军事联络委员会"有权就有关军事应用方面的情况，向原子能

---

① [美] 哈里·杜鲁门：《杜鲁门回忆录》，东方出版社，2007 年，第 368—394 页。

② U. S. Congressional Serial Set, 79th Congress 2d Session, Calendar No. 1251, Report No. 1211, p. 12.

委员会提出书面的建议"①。当军事联络委员会与原子能委员会发生分歧时，根据法律规定，军事联络委员会可以通过国防部长，将发生争执的问题提交总统，总统拥有最终决定权。

第三，成立总咨询委员会。这个委员会是顾问性质的，负责向原子能委员会提出与科学和技术相关的材料、生产、发展方面的建议。总咨询委员会由9名成员组成，委员由总统"在非公职人员中"委任②。总咨询委员会设立主席职位，委员会每年至少要开4次会议，负责向原子能委员会和军事联络委员会提供军事和技术建议。

第四，成立两院原子能联合委员会。为了协助原子能委员会运用其权力，根据《1946年原子能法》规定，杜鲁门政府设立两院原子能联合委员会，对原子能委员会的活动展开经常性监督。该委员会由9名参议员和9名众议员组成，参议员的代表由总统任命，众议员的代表则由众议院议长任命，在委员会的每个部分，同一党派的人数不能超过5人。两院原子能联合委员会对原子能委员会的活动拥有知情权，原子能委员会要随时向两院原子能联合委员会全面汇报其活动。联合委员会要研究与发展、使用、控制原子能相关的问题，并且随时提交议案。

第五，总统拥有关于原子能事务的最高决策权。原子弹必须经总统批准方许付诸使用，只有总统才能决定应当制造哪种性能的原子弹，只有总统才能决定是否应爆炸原子弹，只有总统才能批准原子弹运输或储藏的地点和时间。事实上，甚至连生产原子弹和原子弹原料的年产量，都应由总统决定。另外，总统同样必须关注为了和平目的而发展原

---

① U. S. Congressional Serial Set, 79th Congress 2d Session, Calendar No. 1251, Report No. 1211, p. 12.

② U. S. Congressional Serial Set, 79th Congress 2d Session, Calendar No. 1251, Report No. 1211, p. 12.

子能。

在任命原子能委员会成员方面，杜鲁门任命利连撒尔为委员会主席。利连撒尔在政治上是独立的，并且富有组织才能。其他 4 名委员是罗布特·巴彻尔、萨姆纳·派克、路易斯·斯特劳斯和威廉·韦马克，① 他们都是共和党党员。但是，对利连撒尔的任命，却遭到国会的质疑。尽管政府在 1946 年 10 月 28 日就宣布了任命，但是最终确认利连撒尔和他的同事，却延迟到 1947 年 4 月。②

从第二次世界大战结束后，一直到原子能委员会正式运行之前，美国的核武器发展在这一阶段基本上处于停滞状态。核武器的财政预算从 1945 年的 6.1 亿美元，滑落到 1946 年 12 月的 2.81 亿美元，原来那些训练有素的人员，有的重返大学，有的进入工业或私人研究机构。在洛斯·阿拉莫斯和汉福德，工厂的设备也急剧退化，"没有了战时的紧张感，武器的发展和制造实际上已经停止"。③

原子能委员会的建立，有效扭转了美国核武器发展的颓势。1946 年 12 月 31 日，"曼哈顿工程"由新委员会接管。原子能委员会面临的首要任务，就是实现一个伟大事业的转变，从临时性战时工作，变为范围大得多的永久性工作。委员会第一份报告的内容让杜鲁门大为失望，原子弹的数量、专业人员状况，以及原材料的供给，都不能让人满意。从国防和国家安全的观点看，原子弹的数量很少，而且已有的原子弹还没有装配起来，受过装配训练、拥有专业技能的平民雇员，也已分散到

---

① ［美］哈里·杜鲁门:《杜鲁门回忆录》，东方出版社，2007 年，第 370 页。

② Richard G. Hewlett and Francies Duncan, *A History of the United States Atomic Energy Commission*, Vol. 2, *Atomic Shield*, 1947—1952, Washignton, D. C.: U. S. Atomic Energy Commission, 1972, pp. 324–325.

③ K. D. Nichols, *The Road to Trinity*, William Morrow, N. Y., 1987, p. 225.

薪金优厚的私人企业中，而军事人员从事装配工作的训练尚未完成。与此同时，在原铀供应上，美国也存在严重问题。大部分原铀从比属刚果运来，而且供应不足，因此，美国的首要任务是使整个生产计划趋于平衡。

与原子能委员会这份报告相呼应，总咨询委员会在 1947 年向总统提交了一份关于美国原子能进展的评估报告。"在与共同防御和安全有重大关系的各个技术领域里，并没有足够的发展，而在那些与未来和平利用原子能有关的技术领域里情况也是如此。有关技术方针的重大问题没有做出决定，而且在许多方面尚未拟定出来。设备和实验室的工作都在漫无目的而混乱的情况下进行，对摆在他们面前的技术问题的重要性和联系性也缺乏足够的理解。这种状况很大程度上是由于迟迟没有成立原子能管理机构以及随着战争结束而来的，不可避免方针与目的上的混乱。"① 总咨询委员会认为，它自身的任务就是帮助原子能委员会制订短期和长期的技术方案，这些技术方案主要针对三个目标：（1）发展、改进和增产原子武器；（2）为各种不同目的而发展的原子反应堆；（3）援助与原子能领域有各种关联的物理科学与生物科学。在这份评估报告中，总咨询委员会还提到了原子反应堆的诸多用途以及保密问题。

核安全机制的创立，为美国原子能的快速发展提供了制度保障。正是因为原子能委员会和总咨询委员会的建议，才让总统和军队认清美国原子武器所处的实际状况，帮助其在冷战新形势下做出新的核武器发展战略部署。美国的核武器发展，在经历第二次世界大战后近两年的停滞之后，终于得到恢复。

---

① ［美］哈里·杜鲁门：《杜鲁门回忆录》，东方出版社，2007 年，第 376 页。

二、原子能委员会的职能与特点

一般而言，监管机构在其职责范围内大多享有六种权力：调查权、执行权、政策规划权、行政管理权、准司法权和准立法权。原子能委员会是根据国会立法成立的一个联邦政府部级机构，独立编制、独立预算，拥有广泛的权力。

原子能委员会依法拥有调查权，有权传唤证人，有权调取任何文件。美国原子能委员会的执行权体现在它有权向司法部报告违法行为，请其提起诉讼。美国原子能委员会依法拥有政策规划权，为了确保对原子能的控制，根据总咨询委员会的技术建议，它可以自主制订相关政策规划方案。美国原子能委员会当然也有行政管理权，它的主要职权之一就是控制及管理官方和非官方的美国原子能项目。美国原子能委员会有权设立专利补偿委员会，负责根据法律审查具体的专利补偿案件，可以说它拥有准司法权。最后，国会授权美国原子能委员会制定原子能利用的法律法规，以促进核能的发展和控制。因此，美国原子能委员会拥有一般独立监管机构所有的六种权力。除此之外，原子能委员会还拥有对核材料和核设施的所有权，这是其他监管机构所不具备的特殊权力。

美国原子能委员会有以下特点：首先，原子能委员会有政府专制的特点。《1946年原子能法》之所以授予美国原子能委员会如此广泛而强大的职权，是因为美国原子能委员会承担着史无前例的重大责任："它承担着生产一种足以决定美国乃至西方文明世界未来的产品的职责。"该法开篇明义："链式核反应研究和试验已达到可以大规模释放原子能，且原子弹的重要性显而易见。而民用原子能对社会、经济和政治结构的影响尚不明朗，未知因素尚多。"因此，美国的原子能政策是"以维护国防和安全为最高目标，发展和利用原子能，提高公众福利，提高生活水平，加强私营企业的自由竞争，提升世界和平"。由此可见，1946 年美国原子能政策是以军事利用为根本目的，通过实施国家研发项目、协助科研机构的科学研究以及控制原子能科技信息和核材料等方式开发和控制原子能。

其次，重视军用轻视民用。1947—1952 年，为了大幅度提高核材料生产量，美国原子能委员会开始大规模建设生产设施，包括扩建和新建 4 个气体扩散厂、新建 5 个生产钚的反应堆和 5 个重水反应堆；另外，还建设多处核供料生产工厂和零部件加工厂等辅助设施。1950 年 2 月起，杜鲁门总统要求美国原子能委员会加强热核武器的研发工作。为此，1952 年美国原子能委员会在加利福尼亚州利弗莫尔（Livermore）市建成美国的第二个核武器实验室，并在内华达沙漠地区建设试验基地。结果，美国核武器研发工作在 20 世纪 50 年代获得巨大成功：设计并部署战术核武器，短程、中程和远程导弹也都装上了核弹头；1952 年 11 月，美国又成功引爆氢弹。

虽然美国原子能委员会具有发展原子能和平用途方面的职责，"一旦发现可裂变材料和原子能的工业、商业或其他非军事用途具有实际使用价值，美国原子能委员会将向总统提交报告，陈述事实，评估其社会、政治、经济和国际影响，并提出相应的立法建议"。但显然，这种发展原子能和平用途的职责对美国原子能委员会而言是次要的。这也体现在其机构设置上：1947 年 6 月，美国原子能委员会才成立反应堆安全保障委员会（Reactor safeguard committee），由这个顾问性质的委员会向其提供有关反应堆运行安全方面的研究报告。1950 年 11 月，原子能委员会成立反应堆选址工业委员会（Industrial committee on reactor location problems），由其评估反应堆选址的科技和环境因素。1953 年 7 月，原子能委员会才认识到这两个委员会的职责密不可分，将其合并成为反应堆安全保障咨询委员会（Advisory committee on reactor safeguards）。总之，原子能委员会继续秉承军事利用优先的原则，禁止原子能的私有化和商业化，禁止商用项目和民间资本涉足原子能的开发和利用。

最后，集立法权与监督权于一身。美国原子能委员会不仅是参与核能研发和利用活动的"运动员"，又是具有审批职权的"裁判员"，还是具有核能活动规则制定权的"立法者"。《1946 年原子能法》第 12 条授予委员会行政立法权，从而开启美国原子能委员会已法自律的时代。"委员会在履行其职责时有权：（1）设置若干咨询委员会，以便就法规、政策、行政管理、研究及其他事务向委员会提出咨询意见和建议；（2）在委员会认为是保护公众健康或尽量减少对生命或财产的危害所必要或有益时，可以法规或命令形式，制定对可裂变材料和副产物的拥有和使用进行规范的标准和导则。"① 美国原子能委员会有权进行原子能开发和利用活动，有权执行《1946 年原子能法》及其自己制定的原子能法规，有权进行研究和调查，有权举行听证会，成为集行政管理、立法和准司法为一体的原子能开发和控制机构。

总之，美国原子能委员会兼具核能促进和核安全监管的双重职能，在特定历史时期，形成了重"促"轻"管"的局面。"这种减少管制的意图是可以理解的。但是，也失去了一个建立比较合理和完善的核能管制体系的机会。"美国原子能委员会在放射性保护标准、核反应堆安

---

① 郭冉：《国际法视阈下美国核安全法律制度研究》，武汉大学出版社，2016 年，第 125 页。

全、核电站选址和环保方面一直没有制定行之有效的监管制度。因此在
20 世纪 60 年代，美国原子能委员会的监督措施受到的批评越来越多。
更为严峻的是，虽然美国原子能委员会一直努力完善许可证审批程序，
同时试图建立有效的监管制度，但是"美国原子能委员会既要促进核
能发展，又要保护环境和反应堆安全，而这二者存在根本性的利益冲
突"。美国原子能委员会促进核能发展的职能与确保核安全的监管职能
产生了矛盾，而且越发激烈不可调和。

第三节 创建国家核安全决策指挥机制

1947 年，杜鲁门和国会做出一系列重大决策，对美苏关系产生了
重大影响。这些决策包括：援助希腊与土耳其计划、马歇尔计划，加速
原子弹制造，在国际层面控制原子能。与上述重大决策相匹配的是，美
国实际上也开启了国家安全政策系统化的进程，这一新的国家安全体系
既包括军队重组，也包括对情报的收集和控制，协调军事和外交政策，
治理国家的经济资源等多个方面。1947 年，美国推出《国家安全法》，
此举标志着美国在冷战早期的第一轮国家安全体系建设取得阶段性成
效。《国家安全法》呼吁建立现代的维护"国家安全"的国家机器，包
括国防办公室、参谋长联席会议、国家安全委员会、中央情报局等机
构，同时呼吁成立国家安全资源委员会、美国军火委员会、战争委员
会、研究和发展委员会等机构。在国家安全体系的基本格局下，美国得
以制订各种新计划，保证不同机构之间的协调，并准确执行相关政策，
稳步推进其国家安全建设进程。

在《国家安全法》的规定下，杜鲁门政府建立了新的国家军事机构——国防部，设立国防部长。《国家安全法》还规定，建立陆、海、空三个行政部门，分别设置 1 名部长，国防部由陆、海、空三个平等的军事部门组成，任命 3 名文职特别助理负责处理部务。国防部长对其他文职人员的权力仅限于其部门，无权支配陆、海、空军的文职人员。另外，国防部长还是五角大楼内部审议机构的主席。福雷斯特尔担任美国首任国防部长，于 1947 年 9 月 15 日宣誓就职。

此外，根据法律规定，军火委员会负责协调三军的采购、生产和分配计划，并就军事情势拟订工业动员计划。研究与发展委员会则负责协调有关全国安全的科学研究工作，国家安全资源委员会负责协调军事、民用以及其他工业机构的需要，中央情报局则负责情报的收集和控制，参谋长联席会议则负责统筹美国三军的军事指挥与行动。

根据《国家安全法》，美国成立了国家安全委员会，该委员会由总统、国务卿、国防部长、陆海空军部部长，以及军火委员会、研究与发展委员会、国家安全资源委员会等机构负责人组成。国家安全委员会负责对美国国家安全问题做出评估，处理政府通过各个途径获得的情报和材料，加以分析，做出评估。国家安全委员会的特定任务，就是对总统的行动进行政策协调和咨询讨论。随着冷战形势不断加剧，国家安全委员会的地位越来越重要，逐渐成为处理与美国国家安全问题有关的所有问题的中枢系统。

然而，这些安全机构在建立初期，并未在维护国家安全方面发挥应有的作用。在朝鲜战争之前，杜鲁门很少参加国家安全委员会会议。直到 1948 年 3 月，国家安全委员会制定了关于美国对苏联政策目标的 NSC7 号文件，这个报告对所有关心国家安全的人来说，都是不充分的。

1948 年夏，柏林危机爆发，该事件给美国安全机构的协调合作敲响了警钟。在这次危机中，华盛顿充分暴露了政府决策的弱点。面对柏林危机，美国政府的大多数安排都是临时的，其决策甚至是随意协调达成的。虽然杜鲁门对参谋长联席会议有很高的评价，但当苏军实施柏林封锁之时，杜鲁门并未征求其意见；相反，只有单个一些人而不是国家军事领导团队，向总统提供了一些专业意见。而参谋长联席会议的意见，显然也未能引起国家安全委员会的注意。虽然杜鲁门政府决定向英国运送轰炸机，成为美国解决柏林危机的一个象征，但是这种做法却并未真正解决封锁问题，也未能让苏联在此后有关恢复进入柏林的谈判中改变姿态。尽管如此，美国将轰炸机派往欧洲基地的决定，又一次显示了原子弹在美国军事战略中的重要位置。1948 年 8 月，尽管柏林危机已经结束，但是美国又派遣 30 多架 B29 轰炸机到英国。

柏林危机后，国防部长福雷斯特尔与陆军部长罗亚尔敦促参谋长联席会议以及国家安全委员会，要求其尽快完成关于国家军事准备的研究，实际上这项研究在福雷斯特尔和罗亚尔提出要求前就已经开始了。他们接下来恳请总统解决柏林危机后遗留下来的两个重要问题：一是改变原子弹的托管方式，转由军队实际托管原子弹；二是进一步完善政府关于原子战争的政策。

1949 年 3 月 5 日，杜鲁门向国会提出咨文，要求在以下几个方面修正《国家安全法案》，以期进一步完善国家安全机构。这些要求包括：增加 1 名国防部副部长；参谋长联席会议设置主席职务；海、陆、空三军部长不再参加国家安全委员会；国防部长将成为唯一参加国家安全委员会的军方代表。1949 年 8 月 10 日，《国家安全修正法案》正式通过，美国又朝着建立真正统一武装力量的方向迈进了一步。

为了解决政策制定与实际行动中存在的重大问题，在国家安全委员会之下，杜鲁门又成立了一个特别委员会，该委员会的成员由国务卿迪安·艾奇逊、国防部长路易斯·约翰逊、原子能委员会的主席戴维·利连撒尔等组成，专门负责关于原子能问题的重大决策。原子能特别委员会自创设后，的确在政府重大决策上给予杜鲁门极大帮助。1949年年底，美国与英国所达成的相关协议即将到期，是否与英国继续合作，成为美国迫切需要解决的重大问题。1949年3月2日，特别委员会认为美国需要采取新的策略，以便把原子弹的原料和制造尽可能地集中到北美大陆。此举意味着美、英、加三方需要更紧密地团结起来，就像在战时的合作中所形成的一样。1949年7月，特别委员会提出加快原子武器生产。此外，美国还应优先生产新设计出来的B36轰炸机，因为B36轰炸机是为了运输美国的原子弹的。

《1946年原子能法》出台，为美国原子能的安全管理奠定了法律基础。根据《1946年原子能法》，美国初步建成核安全机制雏形。但是《1946年原子能法》对原子能秘密实施完全控制的条款，大大限制了美国在原子能领域展开对外合作，标志着美国走向了以绝对保密为手段来维护核安全的政策。与此同时，《1946年原子能法》虽然相对平衡了军官和文官对原子能的控制，但是文官享有对原子能控制的主要权力，不仅导致军方极度不满，也让美国在应对危机形势时，文武官员不能协调一致，紧密配合。在《1946年原子能法》指导下创建的安全机制无法充分发挥应有的作用，例如，柏林危机时，只能依赖总统一人的判断与决策。

在1947年《国家安全法》颁布后，美国在完善国家安全机制的同时，其核安全机制也随之进一步完善，对原子能的管理更为细化。国家安全资源委员会负责裂变材料的管理，研究与发展委员会负责与原子能相关的科学研究与发展规划，中央情报局负责控制和收集原子能信息。核安全管理机制被纳入美国国家安全机制中，并且成为其中的特殊部分。作为国家安全的最高决策机构——国家安全委员会，则成立了单独的负责原子能决策的原子能特别委员会。这个决策机构由文武官员组成，规避了以往危机中出现的文武官员协调问题，让美国的原子能决策更为及时，同时对于决策的执行更为有效。

在杜鲁门时期，核安全机制的建立与完善，是内因和外因共同作用的结果。从内部因素看，核安全机制的建立与完善，与美国国家安全机制的塑造过程相辅相成。美国致力于和平时期重塑国家安全机制，根据《国家安全法》建立起一套国家安全机制。伴随着国家安全机制不断完善，核安全机制也不断完善。从外部因素看，冷战外部环境促使核安全机制不断发展。正是柏林危机让美国认识到，应对危机时需要各个机构之间的有效协调，同时也让美国认识到，核武器无法遏制危机发生，其威慑效用非常有限。这让美国重新完善核安全机制，将核决策责任归于国家安全的中枢系统——国家安全委员会。

在杜鲁门政府后期，美国形成了以两院原子能联合委员会为法律保障机制，以总统—国家安全委员会中的原子能特别委员会为决策指挥机制，以国防部、原子能委员会、中央情报局等作为执行保障机制的较为完善的核安全机制。

第四节 创建国家核民防机制

一、战后初期的美国民防

在近两个世纪以来，美国一直享受着历史学家 C. 凡·伍德沃德所说的"自然安全"。东临大西洋，西濒太平洋，南北两侧都是相对弱小的邻国，这样的地理环境让美国不太可能遭受外国的入侵。然而，现代空军的崛起，逾越了地理优势所带来的"自然安全"。第二次世界大战向世人证明，人口和城市面对空袭显得极其脆弱，超级炸弹的诞生，大大加剧了这种脆弱性，美国再也不能享受这种所谓的"自然安全"。

美国的民防计划始于第二次世界大战期间。1941 年 5 月 20 日，美国建立了民防办公室，为的是保护平民免遭敌军行动和战争威胁。第二次世界大战结束后，为了削减开支，杜鲁门决定终止民防办公室的工作。美国的民防从此归属陆军部的民防委员会，具体的民防工作则移交到州和社区的志愿者手中。实际上，在废除了民防办公室之后，美国的民防行动基本处于停滞的状态。

1945 年年底，美国军方开始主持针对广岛和长崎原子轰炸的战略调查。到 1946 年年底，美国政府发行了多卷本的《战略轰炸调查》报告，这个报告从物理、化学、工程、电讯、医学、农渔等方面对核毁伤进行了十分详细的评估。[①]《战略轰炸调查》激起了社会各界对大规模

---

① "Recommendations for Continued Study of The Atomic Bomb Casualties"，华东师范大学国际冷战史研究中心藏档，MF0801504，转引自蒋华杰《1950 年代美国民防政策初探》。

联邦民防计划的讨论，讨论的内容包括防空洞建设、紧急疏散计划，以及囤积食物、水和药品。最先向杜鲁门提出建设民防机构的人士是福雷斯特尔。1946年11月29日，在给杜鲁门的信中，福雷斯特尔提出，原子武器的突然袭击很可能伴随着大规模围堵，这会大规模削弱国家的战争动员，同时也需要国家提前准备好大量的防御资源。未来国家防御的主要问题就是，反抗大规模的围堵，保卫平民反对敌人的行动。然而，在当时的情况下，这种防御反抗的责任，不仅在参谋长联席会议管辖之外，也在陆军部和海军部的管辖之外。严格的军事计划和准备，应该与民防、反围堵结合在一起，为了确保国家利益，有必要迅速并且明确地分配这些责任。在这样的分析基础上，福雷斯特尔敦促成立对民防和围堵政策负责的相应机构，这个机构要与陆军部、海军部和参谋长联席会议的计划紧密配合。福雷斯特尔建议，总统成立一个由陆军部、海军部、司法部、财政部和预算局代表组成的临时委员会，研究民防和围堵问题，并且提出关于执行行动、立法行动等建议。① 然而，对于福雷斯特尔的建议，杜鲁门并没有予以重视。

伴随着冷战演变，民防问题也赢得越来越多的关注。1948年4月，美国《科学文摘》杂志发表了一篇文章，敦促国家，在一旦发生第三次世界战争时要进行"城市传播"。1949年，城市规划师拉尔夫·莱波撰写的一本流行著作《我们必须躲避吗?》，提出发展城市的疏散计划，进行平民防御教育，为战后健康和安全角色训练专业人员。这本书赢得了《纽约时报》《民族报》《新闻周刊》等报刊的热烈好评，并且再次引发了全社会对民防问题的广泛讨论。1948年9月，海外作战退伍军

---

① Documentary History of the Truman Presidency, Vol. 26, Preparing to Survive Atomic Attack: The Truman Administration's Civil Defense Program, pp. 6-7.

人协会会长提出，美国在应对社区灾难的时候还没有完全准备好，建议总统组织训练有素的人员，在一旦发生突然袭击时能够保卫家园。①

在全民讨论民防问题的热潮中，福雷斯特尔再次给杜鲁门写信，重提建立联邦民防机构事宜。福雷斯特尔建议，建立一个独立于国家安全资源委员会的永久性民防机构——联邦民防办公室，该办公室要向国家安全资源委员会汇报。对这个办公室的性质，他提出了三种可能性：在国家军事体系中，作为一个独立的机构，直接向国防部汇报，不需要通过中间层发挥作用；作为一个独立机构，直接向总统汇报；作为一个国家安全资源委员会的分支机构，对其负责，就像中央情报局和国家安全委员会的关系一样。他认为，第一种性质是最好的，因为民防计划和行动都与军事行动及其计划有着密切联系，例如，整体军事防御计划、空中防御计划。同时，民防办公室还可以在国防部之下，比较方便有效地开展经济行动。在民防方式上，福雷斯特尔认为，既要民众自己防御，国家又要利用军事、半军事的手段帮助民防。民防主要围绕平民和地方政府，联邦政府辅之以训练和军事、半军事的帮助。②

伴随着冷战形势深化，杜鲁门对于福雷斯特尔的建议，在态度上有很大转变，他开始认真考虑民防问题。1949 年 3 月 5 日，杜鲁门在给福雷斯特尔的回信中提出："在现在的情况下，联邦政府在民防领域的主要需要是和平计划，以及为一旦发生战争的民防进行准备，而不是进行全面的民防项目。"③ 因此，杜鲁门认为，没有必要建立永久性的组织

---

① Documentary History of the Truman Presidency, Vol. 26, Preparing to Survive Atomic Attack: The Truman Administration's Civil Defense Program, p. 21.

② Documentary History of the Truman Presidency, Vol. 26, Preparing to Survive Atomic Attack: The Truman Administration's Civil Defense Program, pp. 24-33.

③ Documentary History of the Truman Presidency, Vol. 26, Preparing to Survive Atomic Attack: The Truman Administration's Civil Defense Program, p. 35.

机构，比如民防办公室。尽管如此，他认为，进行民防计划是必要的，而且迫切需要指定一个机构，由其领导这个计划。因为在和平时期的民防计划，在总体上与和平时期的国家动员计划连在一起，杜鲁门提议，让国家安全资源委员会负责民防计划。另外，他也明确了国家安全资源委员会的民防责任，即委员会需要制订民防计划以及国家发展所需的项目。而且，委员会有必要在发展具体的空袭警告、赈灾，以及其他民防方面，号召其他政府机构予以相应，并且咨询国家和地方政府的代表；委员会的建议要落实到具体而且必要的行动上。与此同时，杜鲁门也给国家安全资源委员会主席写信，要求其负责设计民防计划。虽然杜鲁门没有按照福雷斯特尔的提议，成立一个独立的民防机构，但是杜鲁门做出的反应，表明他已经意识到民防工作的重要性。正是在这一背景下，战后美国的民防工作开始逐渐步入正轨。

二、民防立法及机构

1949 年夏，苏联成功进行了核试验，远远超出美国对苏联原子弹能力的预期，打破了美国的核垄断，让"核战争"成为可能。一年后，朝鲜战争爆发，让"空袭"的危险更为真实。美国在"珍珠港事件"中所获得的经验，苏联拥有核武器，朝鲜战争爆发，这一系列事件使美国人清楚地意识到在这个时代，发动战争的人都是通过没有事先警告的袭击而开启战争大门，希望通过简单的突然袭击而获得胜利。在这种背景下，民防不仅仅是一个值得重视的问题，而且更为迫切和必要。

范登堡将军认为，美国的主要城市都可能会遭到原子弹袭击，而至少70%的突袭力量能够通过美国的军事防御。一个没有准备的美国，可能会遭受大量的人员伤亡，并且会严重损害美国的还击能力。为了保护国家和人民，美国必须开始警惕起来，并且持续保持警惕。

而广岛和长崎经验表明，如果人们在遭到突袭之前，能够得到训练，能够迅速而且明智地保护自己及其邻居的话，伤员和毁坏可能会大幅度减少。相反，伤亡和毁坏也可能因为混乱和恐惧会十分大，令人害怕。空袭不会给人们留出时间，考虑应该做些什么。如果这个扫荡来临，人们只有一到两分钟集中其注意力——在那些关键性的时间里，人们所做的任何事情都有可能决定他们能否保住生命，并且决定国家会损失多少打击能力。在这种情况下，美国政府有必要让人民了解空袭的安全准则，让人们在正确的时间里做正确的事情，可以帮助自己及其邻人。

1950 年 9 月，国家安全资源委员会向杜鲁门递交了一份《美国民防》报告。9 月 18 日，杜鲁门将这份报告交给国会进行研究。首先，该报告建议进行联邦民防立法，并且建立民防机构。其次，该报告明确了联邦政府和地方政府在民防方面的责任和任务，建议组织并训练多种形式的特别小组，负责处理大规模现代武器所带来的潜在危险。由于极其重要，这份报告后来发给每一位联邦政府成员和大城市的市长。这样，以《美国民防》报告为蓝本，国家和地方政府能同时发展规划出其民防方案。杜鲁门敦促议会研究这份报告，并且将《美国民防》作为未来民防立法的基础。杜鲁门还提议，成立一个临时性民防机构，在永久性的民防立法获得国会批准之前，负责执行民防事务，作为联邦政府和地方政府民防工作的中心机构。

美国的州政府也积极敦促国家建立民防机构，进行民防立法。11 月 28 日，在南部各州召开的州长会议上，各州确定民防是州的主要责任。如果在联邦政府和州之间，在各个州之间，没有紧密配合与合作，民防无法有效进行。为了有效行使民防责任，南部各州已经明确，在下一个立法阶段修改其民防立法。在民防方面，州在某种程度上是独立于国家政策和国家项目的。南部各州的州长会议提出要求，国家安全资源委员会民防办公室将加速推进民防计划和项目，并且尽快将其交到合适的州政府相关权力机关手中；此次会议还敦促美国议会，尽快考虑还未进行的民防立法。南部各州州长会议还提出要求，将这个问题的解决方法迅速递交到美国总统、安全资源委员会主席，以及所有的国会成员手中。同月，来自北卡罗来纳州的众议院议员卡尔·杜汉提交了第9798号议案，经国会讨论，形成了1950年的《联邦民防法》。①

1950年12月1日，杜鲁门发出一项行政令，要在紧急处理办公室下面建立一个联邦民防机构。根据1950年《联邦民防法》，这个机构后来变成一个独立的政府机构，为发展、合作、引导国家民防项目独立负责，总统任命原佛罗里达州州长米勒德·考德威尔为该机构长官。

联邦民防局的主要任务是，推动和方便联邦政府和地方政府在民防方面展开合作，该机构要在总统的控制和指挥下，准备联邦民防计划和项目，协调联邦与各州、邻国，以及其他国家的民防行动。同时，该机构还负责发展民防措施和设备，确立民防标准；传播民防信息，与其他国家交换民防信息；安排国家民防训练项目，训练民防技术，并且为地方安排民防领导和训练专家。另外，该机构还负责协助并且鼓励任何两个州或者相邻的州进行协商，并且签订互相援助协议和合同，以抵御紧急或灾难情况，但是所有这些协议和合同必须交给国会并取得同意。联邦民防局还要制定必要的规定，以保证民防通讯。管理人员要负责协调

①　Kerr, Thomas J, Civil defense in the U. S.: Bandaid For a Holocaust?, West view pr, 1983, p. 27, 转引自蒋华杰《1950年代美国民防政策初探》。

部门和机构的行动，推动各机构之间展开合作，推动他们与联邦计划和项目进行合作。涉及与外国或者其他政治分支机构协商的事情，应该经过国务院的批准。国家安全资源委员会的民防行动以后要由联邦民防局执行；参与行动的人员也要从安全资源委员会转移到这个机构。

根据民防立法，联邦政府和州政府分别确立了其民防职责。联邦政府不能通过联邦雇员指挥州和地方的民防系统。联邦政府要建立国家民防政策和民防计划，颁布民防信息，发行民防教育材料。联邦政府要为民防教育和训练提供教材和设备，协调各州之间的民防行动，为州的民防行动提供主要设备。

州是民防行动的主要单元，是民防任务的"集团军"。各州根据自己的权力和责任，都建立了相应的民防系统，他们协调州范围内的民防行动，并且在紧急时刻进行民防指挥，指导志愿行动，领导民防计划、监督民防计划。州下属的农村和城市是其各个分部。当这些下属分部遭受袭击的时候，州和其他的分部要给予支援。各个分部也要提升本地的自助能力，并且进行互相援助。州也要在与联邦政府的合作下，参加各州之间的民防计划和行动，为民防行动提供监督、指导，以及合适的训练计划设备。各州也要分担财政责任，合理地分配州资金，并且为城市和乡镇提供物资和设备，各州也要建立战时需要的医药库存，以及其他供应库存。

同时，城市、乡村和小镇也很好地限定了其自身的行动功能。他们要在州的指导和规划下，与相邻的社区制定互相合作条约。参加州组织的动员支持计划，提供适合的人员和设备展开训练，分担州的财政责任。

在民防中，军队也扮演着非常重要的角色，他们要为联邦民防机构提供引领作用，要告知哪些地方最容易受到袭击，为联邦民防机构提供关于袭击形式的信息，并且就抵抗这样袭击的技术手段提出建议。另外，军队还要为即将到来的袭击提供警告，为训练计划提供支持。

在成立联邦民防机构、通过民防立法后，美国还确立了联邦—州—地方三级的民防活动系统。联邦为民防活动提供政策指导方针，州和地方具体负责民防训练。通过明晰责任，美国三级互动的民防系统逐渐得到发展、完善。与此同时，军队也为民防提供了辅助作用，在民防和军防之间，美国最终建立起紧密联系，共同组成国家的安全防御体系。

1951 年，随着冷战形势恶化，为了民防动员行动和国家安全计划，杜鲁门又签署了 H. R. 5215 和 H. R. 5650 两个文件，追加 1952 年的民防经费，提供更多的政府活动资金。但在实际上，考虑到当时的国家经济水平和国家综合开支，虽然追加了活动经费，但是这些钱还是不足以支撑全部的民防活动，民防拨款并不充足。1951 年，民防预算是 5. 35 亿美元，但是国会最终只批准了 0. 74945 亿美元。在这种财政形势下，"保护掩体计划"被完全取消，存储紧急供应和设备的资金，也被严重削减，其他重要功能，如采购、研究、公众信息以及技术指导也被削减。

美国民防机构和民防立法的确立，与冷战形势紧密相连。冷战刚刚开始时，美国垄断核武器，拥有绝对的空中打击优势，面对福雷斯特尔关于建立民防体系的建议，杜鲁门不予理睬。随着冷战逐渐深化，在"柏林危机"中，美国不得不面对苏联咄咄逼人的态势，杜鲁门开始逐渐意识到，仅有的空中优势，并不能确保国家和人民的绝对安全。在 1949 年再次面对福雷斯特尔的民防建议时，他开始予以重视，并且着手建立民防体系。而在苏联核试验成功之后，美国的核垄断被彻底打破，在核对抗态势下，民防采取了必不可少的维护国家安全的手段。朝鲜战争爆发后，民防事务变得迫在眉睫，美国最终在 1950 年建立起完整的民防体系。

三、民防行动的开展

1. 民防宣传活动

联邦民防局成立后，开展了一系列针对公众的民防教育活动。1950年 9 月，密歇根大学调查研究中心对美国 11 个最大城市的市民代表做了深度采访，定义民防所面临的问题。1951 年 1 月 15 日，国家顾问委员会建议进行一次"警告美国"的活动，告知美国人民他们所面对的危险，并且认识民防的重要性。"警告美国"的活动要与大规模教育项目结合，由公众事务办公室通过以下主要行动展开。

第一，大量发行印有自救知识的小册子，向公众传播敌人可能使用的有关各种武器的基本自救知识。这需要将整体的自救问题细化为每一个具体的组成部分，利用媒体大量传播基本的自救信息，私营企业帮助联邦政府复印各种宣传信息材料。最先制作出来的自救宣传材料，是"个人生存系列"，这个系列有 9 个流行的基本小册子，包括个人生存、生物战、化学战、民防是什么、救命的紧急行动、住户消防、准备好你的家、心理战防御等主题。另外，宣传活动还要辅助以动画片、广播和电视材料、报纸和期刊新闻等宣传方式。1950 年，预计复印 225000 本关于在《原子下的生存》的小册子，而且还会继续复印，并翻译成多种文字广泛发行。

第二，通过广播、电视等媒体进行民防宣传。1951 年，"赫斯特报系"发表了唐·马克尔的 5 篇关于民防的文章；同年 8 月，《生活》杂志就连续发表了6篇关于"细菌战该做些什么"的文章。由《华盛顿邮报》和商业漫画公司合作的《如果一个炸弹落下》全彩色图形文章公开发表，给公众以形象的民防指导，电视台也集中播出关于民防宣传的栏目。联邦民防局与NBC电视节目合作，创办"生存"栏目，从7月8日开始到8月19日结束，每周播放一个半小时，集中讲述民防知识。从1951年5月开始，联邦民防局的工作人员就频繁出现在广播节目的宣传中，考德威尔参加了6月MBS、维京广播网、Pa.广播网的民防栏目，而其他工作人员也参与到广播宣传节目中。各个地方广播网也采取了与联邦民防局广播机构联合的方式，通过州广播网传播节目。弗兰克·爱德华开办了民防栏目，每周四次，通过其300个MBS广播网台，向外宣传。在联邦民防局号召下，各州也展开了大量宣传。亚拉巴马州、佐治亚州、明尼苏达州以及伯克利地区，都增加了大量类似的广播和宣传活动。在亚拉巴马州，59%的广播台开始了时间很短的民防谈话节目；在佐治亚州，广播台在8月的相关点播节目超过1200个；在明尼苏达州，52个广播台中有41个都是广播民防节目；在伯克利地区，报纸在8月涵盖了969个版面，7月达到605个版面；在969个版面中，有623个是关于国家民防的新闻。由此可见，联邦民防局宣传范围非常广，而且其宣传力度也非常大。

第三，制作官方民防公共教育电影。采取国家和企业合作的方式，由电影公司制作，政府不用花费金钱，在6个月内，制作了《我们的城市必须斗争》《学校的民防》《工业民防》等一系列民防电影，售出4300多部电影胶片。《原子下的生存》一片，由CBS著名新闻评论员爱德华·R.默罗叙述，产生了很大反响。在这些电影出品后，联邦民防局又继续拍摄了一系列基本民防训练的电影。1951年9月15日，联邦民防局使用闭合线路"剧场电视",作为民防大规模训练和教育媒介进行第一次试验。将一个实况转播节目,通过 WMAL-TV 在华盛顿播出,通过同轴电缆传给 4 个东海岸城市。在那里,民防志愿者、特邀观察员、记者代表在电影院集合,通过大屏幕观看节目。这次活动有提问回答环节,在剧场里的人们可以现场提问,而在华盛顿演播室的专家则现场回答,所有剧场都可以听到各种问题和答案。这次训练示范还包括抢救车、照顾丢失的儿童、袭击警报系统运转等。让每个人都参与其中,既作为观众,也作为表演者,此举能表现出最新的防御措施和政策,让参与者对其社区和其他社区以及国家最高层人士有亲切感。让最低层的问题可以瞬间获得最高层的回复,这成为一个理想的宣传半保密信息的平台。

第四,深入地方展开实地宣传活动。在进行全民动员的同时,联邦民防局也致力于动员 150 万~200 万名志愿者参与到民防行动中。为了推动"警告美国"运动,联邦政府和地方政府准备在 12 月初开启"警告美国"车队行动。参加行动的车队一共有 3 个,每个车队有 10 辆运货卡车和拖车,每辆车都涂上不同颜色的"警告美国"标语。在 7 个月内,这支车队将访问 48 个州的主要城市,并且向人们宣传国家重点进行民防的 54 个目标区域。第一支车队从华盛顿沿东海岸巡回,第二支车队负责中西部,第三支车队从华盛顿出发沿着大西洋海岸穿过南部,每支车队在每个城市停留 3 天。"警告美国"车队的宣传活动,主要是使人们意识到,国家安全的威胁来自空袭和其他原子武器,并且让公众意识到,民防是军事防御国家的平等合作的一部分。

"警告美国"运动除了大量群众宣传外,联邦民防局还注意发展社会团体的力量,美国有大量民间组织加入"警告美国"的宣传活动中。

美国有 4000 个国家组织，联系着 1 亿人口，占美国总人口数的 2/3，这些组织都成为向人民传播民防消息的有利渠道。联邦民防局与宗教顾问委员会的合作，就是一个非常成功的例子。他们首先发表声明解决了两个重要问题：私人牧师在民防中的作用，以及民防中教会机构的利用。紧接着，宗教顾问委员会还印发了《牧师在民防中的角色》小册子。1951 年 6 月，来自美国各地区的 300 个牧师，在肖汉姆酒店聚集，召开民防会议。在这次会议后，许多州和社区也创立了同样层级的牧师委员会，此举引发了牧师在民防宣传中极大的热潮。美国的酒店协会也在民防中发挥了重要作用，他们为参加民防项目的酒店，准备了特别的警告牌和小册子。同时，他们也为特别的紧急行动提出建议。类似美国退伍军人协会、海外作战退伍军人协会、联邦妇女俱乐部等团体，也参与到联邦民防行动中。在乡村，年轻人、劳工团体、联邦民防局也组建了同样的民防委员会，并且定期召开会议。

2. 民防训练

联邦民防局开展的民防训练活动既包括在联邦、州、地方政府层面训练民防工人，也包括在民防自助原则下对个人的训练。联邦民防局详细划分了联邦、州、地方三级政府的训练职责。联邦政府负责制订国家民防训练计划、发展训练政策、指导州和地方的民防训练。联邦民防机构还要为州和地方政府提供人员指导他们的民防训练活动。其中，联邦民防局要运行国家民防学校，这样州和地方官员及民防指导者，就能直接接受联邦民防局的指导。国家民防学校包括两个部分，一个是为地方和州层面的高级管理人员培训国家工作人员学院，另一个是技术学校，专门训练那些挑选出来、行使州和市镇训练项目的人。联邦政府也要提供训练和指示标准；州政府能够阻止和运行合适的州训练项目，并且要协助地方政府，建立并且监督其训练项目。地方政府有责任训练大多数地方防御人员和平民，所有人都有责任训练自己及其家人。

联邦民防训练分四个阶段：第一个阶段是个人训练，第二个阶段是团体或单元训练，第三个阶段是集体训练，第四个阶段是联合训练。在第一阶段，所有志愿者都要接受基本的民防训练，提供基本的民防背景知识以及特定的关键技能知识。一些志愿者也要接受特殊训练，使他们能够行使特殊的民防责任。在第二阶段，团队的功能将得到教导和示范，在团队内要形成互助，每个人都能履行自己的责任。在第三阶段，实施集体训练，通过一段时间的训练，提供更广泛基础上的团队和单元训练。在第四阶段，所开展的训练要求结合所有地方民防服务的室内和室外的训练，包括那些在公众和私人组织机构内的训练，这种联合训练也包括更广阔的地理范围。

3. 民防掩体

民防掩体是民防行动的重要组成部分。联邦民防局对民房掩体的选址、建设等，都做了一系列调研。需要建设民防掩体的地区，需要人口高度集中、土地有很高价值的地区，但是满足两个条件的地区，一般都会伴随着交通问题。因此民防掩体的选址，要满足这样的要求，即在和平时期和战争时期都可以利用。建设民防掩体所需要的土地，也要直接购买，这就要与联邦政府的很多其他部门相互合作，例如，住房金融公司、州和地方政府等。

在第二次世界大战后对广岛和长崎的调查中，美国发现广岛的高层建筑在轰炸中被摧毁，窗户也被吹走，但是只有建筑的钢梁并没有被弄弯，由此认为钢梁建筑可以抵御核炸弹的袭击。原子能委员会又通过进一步调查认定，钢结构的建筑只要离爆炸中心超过 6000 英尺，就可以抵抗核爆炸冲击。在广岛的建筑中，有一个屋顶和窗户已经没有了，但是建筑外墙依然存在，而这个建筑是为了抵御地震而用混凝土建成的，并且用了钢筋加固。

在美国的民防掩体建设中，可谓充分吸收了对广岛和长崎建筑实施调查的经验与教训。他们设想的民房掩体，包括很多层由圆形混凝土柱支撑的钢筋混凝土板，这个结构没有墙，能够避免表面受到冲击或爆炸，这样，在减少炸弹带来毁坏的同时，也可以减少浪费因素。层与层之间要有足够的停车高度，层与层之间要用斜坡而不是电梯，这既是出于经济的考虑，也是出于一旦出现没有电力供应情况的特殊考虑。民防掩体要建在地下，可以有任意层数，但是考虑到花费，联邦民防局认为两层就已经足够。第一层要用9.5英尺的钢筋保护，外加地上一层18.5英尺的沙袋保护，这对于抵抗当时除了德国Ⅶ火箭的直接袭击以外的任何一种炸弹来说都足够了。为了防止被攻击，民防掩体需要被分成许多小单元，以防止整个掩体单元完全被毁。在和平时期，地上结构可以用作停车场。而在和平时期，地下结构只要不与紧急使用相矛盾，也可以用来储存重要的民防物资。在联邦民防局的指挥下，美国开展了轰轰烈烈的民防宣传活动，达到了对大众进行普及民防教育的目的。通过联邦、州、地方三级的民防训练，让群众实际学到民防技能，通过对指导人员和志愿者的专门培训，美国也储备了大量民防工作人员。在科学调查的基础上，美国开始研究民防掩体的建设。美国民防不仅仅是政府的行动，也是政府与企业、与民间团体相互合作的行动。在预备民防的过程中，政府、企业、民间团体都发挥了自己的优势，使民防达到了全民参与、全民负责的程度。民防体系的建立、民防运动的开展，构成了杜鲁门时期美国国家核安全体系的重要组成部分。

第三章　美国与国际核安全体系的创立

第一节　国际核管控思想的发展

诚如上文所述，1945 年 9 月 12 日，史汀生在退休之前，向杜鲁门提交了一份篇幅很长的备忘录，重申对原子能进行国际控制的想法。他认为，美国与英国合作对原子武器进行垄断，会让斯大林认为美英联合抵制苏联占有核武器。这就会刺激苏联疯狂发展原子武器，并且最终会演变成令人绝望的秘密武器竞赛。"如果这个情况发生，'文明需要的'——建立国际控制的目标——将会失去。"美国面临着一个选择，即要么实现国际控制炸弹，要么与苏联展开冲突和武器竞赛。史汀生在备忘录的结尾写道："我认为在与苏联保持满意的关系问题上，原子弹问题发挥的不是主要作用，而是最为关键的作用。"他建议在原子武器问题上要直接坦率地对待苏联。9 天后，在白宫内阁会议上，史汀生将其议案提交给杜鲁门的外交政策小组，恳求他们支持他的计划，尽快接触苏联，并且拟订出一份建立国际原子能控制的提案。① 显然，史汀生已经意识到，实现原子能控制与美苏关系之间存在着深层联系，虽然直到 1945 年 9 月，美苏还没有公开走向对抗，但是在他看来，原子能控制已经成为影响美苏关系和战后和平的一个关键因素。

史汀生的提议使议会分化成两个部分。支持提议的人士主要是科学家群体，他们支持将原子弹信息与苏联分享。他们的观点建立在科学分析的基础上，认为苏联获得原子能是早晚的事情，并且就在不远的将来。万尼瓦尔·布什认为，原子弹的真正秘密包括原子弹的设计信息以及制造过程，苏联可以在 5 年内造出原子弹，"他们投入了他们科技和工业的大量努力到这个方面"。

反对分享原子技术信息的人员主要是军方人士，他们坚持认为，美国的原子垄断会持续很长一段时间，美国要利用长时间的原子垄断，塑造一个以美国利益为中心的世界，并且会塑造一个持续维持安全的世界。该派人员的主要代表人物就是格罗夫斯。他认为，苏联要至少 20 年才能造出原子弹，因为他们缺乏资源，也不知道如何制造原子弹。但实际上，格罗夫斯的假设是没有根据的。FBI 的一份报告显示，苏联有足够的铀原料，同时，他们至少早在 1940 年就开始了原子研究。格罗夫斯认为，美国单独拥有原子弹，这"意味着完全的胜利在我们手中，直到其他国家拥有原子弹"。② 参议员希肯卢珀和范登堡等也要求保留美国的原子垄断，这一主张得到共和党内单边主义的支持。海军部长福雷斯特尔也是反对派的主要代表人物，他认为，原子弹以及制造原子弹

---

① Campbell Craig, Sergey Radchenko, *The Atomic Bomb and the origins of The Cold War*, Yale University Press, New Haven&London, 2008, p. 114.

② Ronald E. Powaski, *March to Armageddon：The United States and the Nuclear Arms Race*, 1939 *to the Present*, p. 9.

的知识，是美国人民的财富，美国不能通过分享原子弹信息尝试"买来"苏联的理解。他认为，美国应该实行"联合国行为下的对原子弹的托管"。国务卿贝尔纳斯也支持原子弹的保密政策，他认为美国可以利用单独拥有原子弹，得到一系列好处。

科学家们从来没有放弃对原子能实现国际控制的努力。在 1945 年春召开的一次会议上，原子科学家齐拉特请求贝尔纳斯致力于在国际层面控制原子能，因为苏联很快也会拥有核武器。然而，这一提议并未得到贝尔纳斯的回复。后来，贝尔纳斯在与帕特森、福雷斯特尔共同参加的一次会议上提出："在关于应该如何处理原子弹的讨论上，我们一直过分强调科学家们的观点。我对科学家们制造原子弹的能力表示敬佩，但是在给其他国家的信息问题方面，最好不要告诉科学家。"他认为，格罗夫斯比从杜邦、联合碳化物公司或者伊士曼来的人更清楚地了解情况。[①]奥本海默在 8 月向贝尔纳斯提到，只有建立关于原子弹的国际控制，比原子弹威力更大的更有力量的武器才能被制造出来。贝尔纳斯的回复是，"现在，国际控制是不实际的，奥本海默以及其他的团队应该全力以赴推进他们的工作"。[②]

杜鲁门面对着来自议会、科学家、民众的多重压力。在 1945 年 9 月底，一次民意调查显示，70%的公众以及90%的议员都对分享原子秘密政策有所怀疑。[③] 而芝加哥大学 64 名科学家则签署了一份声明（弗兰克报告），要求政府与其他国家分享原子秘密，避免核武器竞赛。在

---

① Gregg Herken, *The Winning Weapon*: *The Atomic Bomb in the Cold War* 1945—1950, p. 99.

② FRUS, 1945, Vol. II, General, Political and Economic Matters, pp. 55-57.

③ John Lewis Gaddis, *The United States and the Origins of the Cold War*, 1941—1947, p. 253.

这种情况下，杜鲁门既没有办法关闭与苏联协商、共同实施国际控制的大门，也无法与苏联完全分享核秘密。在 10 月 3 日的演讲中，杜鲁门首次提出了关于国际控制原子能的方案。一方面，他承认原子垄断不会持续很长时间，因此基于国际安排以及文明的希望，要求放弃使用和发展原子弹；另一方面，他拒绝直接和迅速地与苏联接触。他认为，在与英国和加拿大讨论之后，美国应该接触其他国家，以达成交换科技信息的协议，但是并没有指出与苏联接触。他也承诺，不会"泄露与制造过程和生产原子弹相关的任何秘密"。杜鲁门的方案平衡了美国各方面的要求，同时也表明他支持建立国际控制系统，但是这个系统需要预防其他国家制造原子弹。在 10 月 8 日的新闻会上，杜鲁门则显得更加直率。他指出，苏联会研制自己的原子弹，"通过自身，就像我们一样"。当一个记者问他，这是否意味着"军备竞赛正在进行"，他的回答非常坚定，但是他又补充说，美国"会保持领先地位"。很明显，杜鲁门想要一种核政治下的和平。

就在美国内部就如何实行原子能国际控制而争论不休之时，11 月，万尼瓦尔·布什提交了一份关于国际控制的构想草案。该计划分为两部分。第一部分是关于英美原子关系的，主要是呼吁终止《魁北克协议》，因为"这仅仅适用于战争时期"。另外，美英还要签订新文件，协商材料分享方面的事宜。第二部分关注了美苏之间的核合作关系。为了防止出现核武器竞赛，布什提出实现国际原子能控制的三个阶段计划。第一阶段，"苏联对外开放"，同时不做任何威胁美国安全的事情。在该阶段，布什提出要完全交换所有领域的科技信息，包括原子裂变在内，也包括自由进入所有的实验室做基础研究。该阶段不会对美国造成损失，但是可以试探苏联合作的意图。第二阶段，逐渐实现国际检查系统。第三阶段，原子武器、设备以及原料可以实现民用。① 在布什的建议中，美国应提出撤销其核武库，以此换取苏联开放其核设施，以便国际检查。由此可见，布什的方案可以让美国在一段时间内保持其原子垄断地位，实际上，该方案通过废除核武器，使苏联对长期安全做出承诺。布什的方案吸引了杜鲁门和贝尔纳斯，他们在 11 月 7 日接受了该方案，并将其作为美国原子能政策的基础。

1945 年 11 月，杜鲁门与英国首相克莱门特·艾德礼、加拿大总理金在华盛顿会面，共同讨论三国就原子弹的"托管制度"。在这次会议上，因为英国在经济和军事上依赖于美国，英国最终接受了终止《魁北克协议》的提议，而且为了换取美国对其在核领域提供帮助的承诺，英国同意继续向美国提供建造原子弹所需要的原材料。在这次会议上，三国都认为，"没有哪个单独的国家能够在事实上垄断"原子弹的使用，但是在工业中使用原子能会产生双重目标，可能会导致原子弹的发展，三国尚未做好准备，与其他国家（苏联）分享详细信息，直到"设计出防止用于破坏目标的有效可行的保护措施"。1945 年 11 月 15 日，美、英、加三国首脑就原子能问题发表联合声明，主张在联合国之下，尽早设立一个委员会，"扩大一切国家间为和平目的而交换基本的科学情报；在必要范围内实行原子能管制，以保证其仅用于和平目的；从国家军备中取消原子武器及一切大规模毁灭性的主要武器；通过观察及其他方法的有效保障，以保护守约国不受违约及规避行为的危害"②。这个声明的目标非常明确，即华盛顿不想与莫斯科分享原子弹秘密。

---

① Ronald E. Powaski, *March to Armageddon: The United States and the Nuclear Arms Race*, 1939 *to the Present*, p. 30.

② Septimus H. Paul, *Nuclear Rivals: Anglo-American Atomic Relations* 1941—1952, Columbus: Ohio State University Press, p. 99.

在英、美、加三国会议后，美国开始着手与苏联商讨原子弹的国际控制事宜。11 月 23 日，贝尔纳斯给美国驻莫斯科大使哈里曼发电报，建议苏联再召开一次外长会议，就此展开谈判。苏联同意了这个要求，并且将这个会议安排在 12 月中旬，在莫斯科举行。

12 月 10 日，国务院高官本杰明·V. 科恩和利奥·帕诺夫斯基为贝尔纳斯完成了草案，该草案即将提交给苏联。这个草案与 11 月英、美、加三国发布的声明紧密相连，但是由四个阶段取代三个阶段。第一阶段将交换科学家和科学知识、技术和材料，第二阶段要求发展和交换与天然资源有关的知识，第三阶段要求修订技术和工程信息的交换规则，第四阶段将完成各种保护措施，反对使用大规模破坏的方法。两者的不同之处在于，第二个提议没有要求苏联在美国能够提供任何物质回报之前展示其行动步骤。与首个声明不同，这个方法让苏联有理由相信，他们能够获得远远超出基础科技信息的更多知识，这个新计划不会让美国的安全处于危险当中。委员会认识到，任何泄露"秘密"的暗示，都会在美国国内掀起疾风骤雨式的反对之声，并且注定会使美国和苏联无法展开合作，所以他们需要小心翼翼地采取回避措施，但该方案依然在政府内部引起各个方面的反对之声。

福雷斯特尔知道该方案的内容后，马上给贝尔纳斯打电话，态度强硬地告诉他，不能跟苏联讨论任何特殊的有关原子能的信息，直到美国能够确保通过交换，获得真正的互惠。参议员范登堡（共和党美国外交事务发言人）认为，"交换"科学家和科学信息，是一个纯粹的绥靖政策，因为苏联没有东西可以交换。① 参议员汤姆·康纳利（外交事务委员会主席）则对保护措施被放在方案最后一项表示怀疑。"你没有考

---

① FRUS, 1945, Vol. II, The Secretary of the Navy to the Secretary of State, pp. 96—97.

虑过将你的第四点调转一下位置吗?"康纳利质问贝尔纳斯,"第四点应该是第一点"。[1] 康纳利直接告诉杜鲁门:"在我们与苏联交换原子弹和原子能信息之前,我们必须有一个监督系统。"杜鲁门同意康纳利的观点。贝尔纳斯到达莫斯科后,接到杜鲁门的指示,他向杜鲁门保证,"在有效的可实施的保护措施"被设计出来之前,不会开始交换科学信息。

1945 年 12 月 15 日,莫斯科外长会议召开。贝尔纳斯认为,美国有原子武器,因此会有更大的外交优势。然而,莫洛托夫却在保加利亚和罗马尼亚等问题上依旧采取强硬措施,与此同时,在原子能方面,莫洛托夫坚持,将其从大会第一项讨论专题,移至大会议程的最后一项。这个议题后置之举,可能是因为苏联想让原子外交看起来徒劳无益,并且将原子弹的作用降至最小。但是,还有更具可能性的一种考虑是,莫洛托夫想争取更多时间,准备苏联的立场。当最终讨论原子能的控制问题时,苏联首先接受了贝尔纳斯提出的分阶段进行国际控制的建议,其次同意建立并且参加联合国原子能委员会。但是有一个重大区别,那就是要将对原子能事务的讨论置于安理会中,即原子能委员会要从属于安理会,这样,苏联就可以行使其表决权。这意味着,联合国原子能委员会没有机会做出任何不利于苏联的决定。而且,苏联还可以在表面上与美国达成妥协,但是苏联不允许将自己的原子弹计划置于国际控制之下。

虽然贝尔纳斯认为这次会议取得了很好的成果,但美国国内却对莫斯科会议展开了激烈批评。部分美国报纸提出批评,甚至不乏对政府有很大影响力的报纸,贝尔纳斯在巴尔干问题上的解决方式是一种背叛。

---

[1]　Ronald E. Powaski, *March to Armageddon*: *The United States and the Nuclear Arms Race*, 1939 *to the Present*, p. 33.

威廉·李海（William D. Leahy）认为，《莫斯科协议》是一个"绥靖文件，给了莫斯科任何他们想要的东西，但却没有给美国保留什么东西"。① 杜鲁门也对这次会议的结果十分失望。1946 年 1 月 5 日，杜鲁门私下会见了贝尔纳斯，他谴责贝尔纳斯"将美国的政策推向了一个他不会也不能够同意的方向"，即承认苏联在东欧占有优势。他也批评贝尔纳斯没有完全让他了解会议进程，尤其是与原子弹处理有关的信息。杜鲁门告诉贝尔纳斯，他认为他已经在 10 月解决了美国的原子政策。在所有的事情得到解决之前，他反对与苏联进行任何科学交换；杜鲁门甚至认为，贝尔纳斯试图将科恩—帕诺夫斯基的报告插入政府的原子政策中，这等同于不服从政府的原子政策。最后，杜鲁门强调，"我已经厌倦了纵容苏联"。

在这次会面后，贝尔纳斯以健康原因为由辞职。杜鲁门与贝尔纳斯在 1946 年 1 月 5 日的会面，标志着政府处理外交政策的一个转折点。杜鲁门在对苏联政策上变得日趋强硬，他越来越趋向于认定，在苏联外交政策背后，其主要的力量是世界共产主义扩张，美国对苏联的让步，最终将会全面推动世界共产主义的扩张行为。

从伦敦外长会议回国后，贝尔纳斯指定了一个由 5 人组成的特别委员会，负责"研究原子能控制课题和保护政府必要的保护措施"。这些成员是艾奇逊、万尼瓦尔·布什、詹姆斯·科南特、格罗夫斯、约翰·麦考莱（前陆军部助理部长）。贝尔纳斯希望这个委员会能够制订美国控制原子能的方案，他可以最终递交给联合国原子能委员会。② 因为缺

---

① Ronald E. Powaski, *March to Armageddon*：*The United States and the Nuclear Arms Race*，1939 *to the Present*，p. 34.

② Joseph I. Lieberman, *The Scorpion and the Tarantula*：*The Struggle to Control Atomic Weapons*，1945—1949，Boston：1970，p. 235.

乏对原子技术的了解，艾奇逊指派了一个顾问委员会，负责处理与之相关的原子能技术问题。这个委员会由利连撒尔主持（他是田纳西河谷管理局前任局长，也是原子能委员会首任主席），其他成员分别是奥本海默、切斯特·伯纳德（新泽西电话公司总经理）、哈里·温（通用电气公司经理）、查尔斯·托马斯（孟山都化学公司副经理）。就像临时委员会一样，艾奇逊和利连撒尔的团队主要从企业中吸收成员，他们的任务是找到合适的原子合作以及原子弹控制的方法，并且制订出国际计划，防止军事部门使用原子能。

2月，奥本海默提出解决方案，该方案得到利连撒尔委员会的认同。他设计了一个国际机构——原子能发展机构，该机构强调原子能的发展而非控制。奥本海默认为，原子能的发展应该分为安全行为和不安全行为两个部分，不安全行为包括获得原材料、制造裂变材料、制造原子弹的机器零件，这些不安全行为需要由原子能发展机构掌管。而安全行为——商业电厂、研究所和医疗设施——都将在国家的控制下，但是，将原子能的和平能力转化成军事行为这一问题仍然存在。奥本海默认为，这种状况至少可以用两种方法加以改善。第一种方法就是，根据裂变材料变性的性质，只要将少量的铀裂变同位素加入高度的裂变铀235和钚中，后两个元素就会使原子弹生产变得毫无用处。第二种方法是，通过给予他们事实上不受限制的技术和材料，由原子能发展机构掌握和运行，劝阻一些国家，使之放弃发展自身的核能装置。

这个方案得到了普遍赞同，1946年3月17日，以"奥本海默计划"为蓝本的《艾奇逊—利连撒尔报告》正式出台。《艾奇逊—利连撒尔报告》合并了布什在11月提出的分阶段概念，首先要求国际机构对全球范围的原子材料进行调查，美国在最后一个阶段才会交出其核垄断权。实际上，上述计划对苏联十分不利。要求苏联在原子弹研究的早期阶段就交出其原子原材料和设备，交由原子能发展机构管理，这实际上是要先行剥夺苏联制造原子武器的能力，然后再解除美国的原子武器库。为了将民用原子能转向军用目标的可能性降至最小，原子能发展机构必须有效延迟苏联所有原子能的发展。与此同时，报告还要求将苏联的核研制设备向美国观察者开放，这就会使苏联的核力量完全暴露在美国人面前。《艾奇逊—利连撒尔报告》提出的所有要求，都建立在苏联必须相信美国有诚意的基础上，即美国会在最后一个阶段向原子能发展机构交出其原子武器库，但实际上，苏联无论如何不能接受美国所提出的分阶段检查概念，这对苏联来说无异于一场革命。

1946 年 1 月 24 日，在联合国在伦敦召开的大会上，联合国原子能委员会正式宣告成立，该委员会由安理会成员国、加拿大共同组成。这个机构有权制订提案，交换基本的科学信息，限制原子能的和平用途，在国际武器库中消除原子能和其他大规模杀伤性武器，有效保护服从协定的国家。实际上，联合国的解决方案也采取了逐步推进的方法。对于在联合国安理会内建立原子能委员会的提议，莫斯科表示支持。1946 年 1 月 24 日，苏联外交代表安德烈·维辛斯基宣称，这个委员会是"联合国一起努力以实现世界内和平和安全的第一个重要步骤"。苏联想利用这个委员会来测试美国是否真的希望合作，如果他们希望合作的话他们就会抛弃原子遏制，并且会与苏联分享如何制造原子武器。苏联外交部很想让委员会尽快工作，看看美国将把什么样的核秘密摆到台面上来。但实际上，美国推迟向委员会派驻代表，其表现只是拖延时间，并且尽可能地延长他们维持原子垄断的时间。

第二节　核垄断与"巴鲁克计划"

1946 年 3 月 18 日，杜鲁门任命巴鲁克为美国驻联合国原子能委员会的代表。杜鲁门向巴鲁克保证，他不会简单地作为艾奇逊—利连撒尔团队的通信员，他将在制订最终美国版国际控制原子能方案中扮演主要角色。[①] 杜鲁门并未考虑巴鲁克的技术能力，他最想找的是这样一个人——能够让国会和美国人民确信，杜鲁门政府不会将国家的原子秘密泄露出去，而巴鲁克正是这样一个人。巴鲁克需要保证的是，在一个可以信赖的保障体系建立起来之前，不会泄露任何原子信息，并且会将所有与苏联达成的协议交给参议院。

但是，巴鲁克的任命，却让利连撒尔倒抽一口冷气。"我们需要一个年轻的、充满活力的人，而不是一个自负的人，而且苏联可能会认为，美国会将他们推入火坑中，而不是真正想要进行国际合作。"同样，奥本海默也拒绝做巴鲁克的科技顾问。他对巴鲁克想要修改《艾奇逊—利连撒尔报告》感到气愤，对他所说的"为美国人民准备了一个拒绝的苏联"感到气愤。

6 个星期后，巴鲁克完成了对《艾奇逊—利连撒尔报告》的修改。巴鲁克主要在以下几个方面做了改动：第一，他拒绝让原子能发展机构控制矿物，控制对裂变物质的提炼，巴鲁克认为，私人工业能够更有效地执行这些功能；第二，要测试苏联的"诚意"，他要求在实现国际控制之前展开原材料调查；第三，他强调对违反规定者实施惩罚，要求在

---

① FRUS, 1946, Vol. I, Mr. Bernad M. Baruch to President Truman, pp. 767-768.

谈判一开始就制定明确的制裁条款，"如果有必要，可以使用武力，对付那些破坏原子能条约的国家"；第四，巴鲁克认为，安理会的否决权不适用于原子能发展机构，因为苏联的否决权会让原子能发展机构的存在变得毫无意义；第五，他将协商的范围扩大到包括原子武器在内的所有武器，"如果我们找到了一个合适的方法来控制原子武器"，"有理由相信，我们也会排除使用其他大规模杀伤性武器"。①

"巴鲁克计划"遭到利连撒尔顾问委员会的反对，他们认为，这个计划没有为安全安排添加任何必要的信息，因为任何违反规定的国家，都会导致其他国家反制性地采取行动。也因为同样的原因，废除否决权被视为毫无必要。参谋长联席会议也对"巴鲁克计划"不感兴趣。总体来说，美国的军事长官们不情愿出让对原子弹的控制。尼米兹将军警告说，美国人民不会支持一项计划，可以自动惩罚"当这个国家并没有进行直指美国的行动时"。他也指出，"巴鲁克计划"的不协调，有必要施行一个决议宣布原子弹的使用是不合法的。②

然而，到6月7日，杜鲁门却对巴鲁克说，他完全赞成这个建议。一个星期后，巴鲁克向联合国原子能委员会提交了其计划。美国国内大多数评论者都认为，"巴鲁克计划"是一个慷慨的行为，因为美国要交出其原子垄断，以实现世界和平。"赫斯特报系"表达了小部分美国人的反应，也认为这个计划向外国交出了美国的原子弹秘密。但是，苏联媒体的反应却完全相反，《真理报》认为，"巴鲁克计划"是一个"原子外交的产物"。他们提出，美国是想用自己的时间表，来决定国际原

① FRUS, 1946, Vol. I, Draft Statement Prepared by Mr. John M. Hancock of the United States Delegation to the Atomic Energy Commission, pp. 827-833.

② FRUS, 1946, Vol. I, The Chief of Naval Operations to the United States Representative on the Atomic Energy Commission, pp. 853-854.

子能控制的计划,"如果这个武器是正在被禁止的话,为什么美国政府想要继续制造并且储存原子武器?""为什么苏联要相信美国,因为美国提出要检查苏联设施的时候,它明显不相信苏联?"① 如果苏联接受了这个计划,首先,它就要无限制接受美国调查,其领土内的钍和铀资源都处于被调查之列,而在这期间,美国仍会一直维持核垄断,直到最后一个步骤,美国才会将自己的核武器库销毁,或者提交到联合国管控。其次,如果苏联在检查期间违反控制计划,就有可能遭到毁灭性的原子袭击。

苏联选择完全忽视"巴鲁克计划"。6月19日,苏联代表葛罗米柯提出一个关于国际控制原子能的新方案,该方案又被称作"葛罗米柯计划",该方案主张分步骤实现原子能的国际控制。在第一阶段,订立国际公约,禁止制造和使用原子弹。然后在接下来的6个月内签订一项国际协议,并且对违反者实施惩罚。在第二阶段,建立两个新的联合国委员会,一个对科学信息的交换进行限制,另一个负责建立保护措施,防止违反条约。葛罗米柯还提出一个他负责起草的国际协议草案,要求在协议批准后3个月内,销毁所有核武器。最后,葛罗米柯直率地提出,苏联不会接受在原子能问题上对否决权的修改。②《葛罗米柯计划》通过核裁军,在建立国际控制之前分享核秘密,对"巴鲁克计划"进行反击。事实上,苏联想通过让美国交出其核优势,换取承诺苏联参加国际控制系统。就在美苏在联合国内展开协商、对原子武器进行控制的关键时刻,美国在1946年7月1日,在马绍尔群岛的比基尼岛外引爆

---

① Campbell Craig, Sergey Radchenko, *The Atomic Bomb and the Origins of The Cold War*, p. 112.

② Ronald E. Powaski, *March to Armageddon: The United States and the Nuclear Arms Race*, 1939 *to the Present*, p. 44.

了世界第四颗原子弹。美国在不恰当的时间进行原子弹试验,让苏联更加怀疑美国想要废止原子弹的诚意。

可以想见,美国不满意"葛罗米柯计划"。7 月 5 日,巴鲁克告诉苏联代表,美国拒绝苏联的建议,直到双方就反对使用原子弹方面的保护措施达成共识,美国才会放弃制造原子弹。7 月 24 日,葛罗米柯拒绝了美国的建议。到 7 月底,美苏协商已经走入了死胡同。因为在联合国陷入僵局,也由于冷战不断强化的国际气氛,在核政治下实现和平看起来已经没有必要。对美国来说,仅有的问题就是,如何终结这件事情,并且看起来要使苏联为失败负责。巴鲁克将其计划推迟到年底,在联合国进行投票。1946 年 12 月 30 日,"巴鲁克计划"最终付诸表决,因为苏联和波兰投弃权票,该计划未获得通过。5 天后,巴鲁克辞职,他在绝大多数美国人眼中是一个英雄。① 大多数人认为,"巴鲁克计划"是美国的外交胜利,苏联没有接受"巴鲁克计划",说明苏联是国际控制原子能的主要障碍。美国人接受这样的观点,即与苏联进行外交接触是徒劳无功的,苏联人只能用武力对付。同时,"巴鲁克计划"也让苏联很难再继续在联合国的框架下按照其方案与美国展开谈判。"巴鲁克计划"失败,标志着涉及原子弹的直接外交部分即将结束。在核研制早期,史汀生和贝尔纳斯将原子弹作为积极的外交力量,作为合作的焦点,而不是作为冲突的工具,这一目标已经被人们遗忘。取而代之的是,原子弹的其他重要性逐渐凸显出来,在此之后,美国开始更多依赖"制胜武器"的军事威胁。

在杜鲁门执政时期,虽然在美国的主导下,国际社会建立了第一个

---

① FRUS, 1946, Vol. I, The United States Representative on the Atomic Energy Commission to the Secretary of State, pp. 990-992.

国际原子能管理机构——联合国原子能委员会，而且美国还提出有关原子能国际管控的政策——"巴鲁克计划"，但是上述两者实际上都是美国想要维护核垄断的工具。美国想通过联合国原子能委员会控制国际原子能，通过"巴鲁克计划"禁止其他国家发展核武器，进而进一步巩固其在原子能领域的霸主地位，实现绝对的"核安全"。但是，建立在其他国家"不安全"基础上的国际核控制政策，注定不会被接受。联合国原子能委员会形同虚设，"巴鲁克计划"陷入破产，这些都标志着美国早期国际核控制实践宣告失败。这个失败有一定的国际和国内的背景，从国内看，首先，美国国内单边主义盛行，无疑是导致原子能国际控制实践失败的重要因素。以希肯卢珀和范登堡为代表的单边主义者，要求美国在经济上实现自给自足，并且要求美国拥有强大的空军和海军，防止外国对美国政策产生不良影响。他们反对披露核信息，认为这就等同出让美国对核武器的垄断。

其次，原子间谍案爆发，对美国国际核控制政策亦造成了直接影响。1945 年 9 月的第一周，苏联驻渥太华使馆的办事员伊格尔·古琴科告诉加拿大政府，一个巨大的间谍网络正在运行，并且在战争期间就已渗入"曼哈顿计划"。9 月 29 日，加拿大总理麦肯齐·金飞往华盛顿，将这个坏消息告诉了杜鲁门。① 其实，早在 9 月 12 日，美国联邦调查局局长胡佛就将这个间谍丑闻告诉了杜鲁门的秘书马修·康纳利，并且说这个案件已经涉及加拿大政府的高级官员，胡佛还怀疑美国某些国务院的成员与这些加拿大官员有联系。② 胡佛的消息，给杜鲁门制造

---

① Gregg Herken, *The Winning Weapon: the Atomic Bomb in the Cold War* 1945—1950, p. 115.

② Gregg Herken, *The Winning Weapon: the Atomic Bomb in the Cold War* 1945—1950, p. 116.

了某种政治困境，不管他是否继续关注原子能的国际控制以及世界秩序，间谍案件都将成为一个政治问题。如果杜鲁门将自己及其政府公开的方案提交给国际控制，间谍丑闻的揭露，将会造成一场灾难性政治后果。任何美国总统都会发现，当新闻头条吹嘘原子间谍的时候，在政治上不可能与苏联实现原子技术与信息分享。如果杜鲁门公开放弃原子能国际控制的方案，他就会冒着疏远一大部分美国群众的风险，尤其是民主党中的自由主义者，他们强烈支持美国与苏联展开协商，支持罗斯福曾经许诺的集体安全，他们还没有听到间谍丑闻。更糟糕的是，如果美国政府单方做出放弃原子能国际控制的决定，就会将政府暴露在这种指控面前，即政府破坏了集体安全的许诺，以保持其自身的原子垄断权。为此，美国将会因为与苏联的战后政治对抗而遭受公众诟病。

1946 年 2 月初，美国多家报刊的专栏作家皮尔森揭露了加拿大间谍丑闻，以及可能在美国境内存在的原子间谍，这个报道又被记者弗兰克·麦克顿诺进一步报道。而且，加拿大政府也发表声明，他们已经抓捕了 22 个间谍嫌疑人，这些都大大扩大了间谍案的影响。所有这些报道与声明，在 1946 年 2 月引起了华盛顿的高度注意。最及时的结果就是，杜鲁门决定取消对原子合作的处理，即在 11 月与英国和加拿大签订协议，让两国通过自身的努力，发展原子武器。① 就像英国所指出的那样，取消这个决定，等于杜鲁门违背了 1944 年丘吉尔与罗斯福签署的《魁北克协议》。

从国际上看，1946 年年初，伊朗与土耳其危机爆发，2 月，凯南发出"长电报"，这些事件无疑使美苏关系雪上加霜，在这种背景下，美

---

① Gregg Herken, *The Winning Weapon: the Atomic Bomb in the Cold War* 1945—195, p. 122.

国无论如何都不会真正与苏联展开原子能控制谈判。1946 年夏，有一位议员反映说，美国人的态度是，"将原子弹锁在防盗门中，并且不予讨论"①。

对原子材料的垄断，是美国在战争时期花费了大量时间和金钱取得的，这些原子材料对于发展原子武器来讲，是必不可少的，美国不会轻易放弃这些优势。杜鲁门曾说，让有抱负的国家自己获得原子能，② 显然，这一说法排除了美国建立国际控制的努力。实际上，美国提出的国际控制方案，完全是建立在自己掌握原子优势的基础之上。"巴鲁克计划"中的强硬立场，就是基于美国拥有原子弹，而苏联没有，所以让美国坚持其立场，等待苏联态度软化。这就是杜鲁门对哈里曼在 4 月所说的，美国可能没有 100% 把握获得其想要的东西，但是有 85% 的把握。③ 此举更深远复杂的意义在于，即使苏联同意美国领导下的世界秩序，他们也必须合作，以便达成对核武器的国际控制。没有这样的控制，其他拥有核武器的国家，就能够挑战新的秩序，他们可能实行强权政治，而没有人能够阻止他们。为实现国际控制，美国想让苏联接受美国政治和经济制度所塑造的国际系统，并且通过对原子弹的垄断，迫使斯大林屈服。然而，为了实现国际原子能控制，一个不可缺少的可以实行国际秩序的因素就是，美国作为仅有的拥有原子武器的国家，应该同意将其武器库交给联合国。否则，苏联和其他国家有可能拒绝服从国际政府的权威。

---

① Gregg Herken, *The Winning Weapon: the Atomic Bomb in the Cold War* 1945—195, p. 133.

② Gregg Herken, *The Winning Weapon: the Atomic Bomb in the Cold War* 1945—195, p. 115.

③ Gregg Herken, *The Winning Weapon: the Atomic Bomb in the Cold War* 1945—195, p. 112.

国际原子能控制的失败，无法与罗斯福创立世界新秩序的失败完全脱离。新的世界秩序需要国际控制，国际控制也需要一个新的世界秩序。避免军备竞赛，建立严肃的国际机构，实现核武器的国际控制，无法仅凭双方外交官实现更多的妥协，或者竞争双方有更多时间博弈，或者是理想主义者发出更有力的呼吁。为了让国际控制有效运行起来，美国和苏联都要冒很大的风险，如果事与愿违，国家就会遭受耻辱，不论是杜鲁门还是斯大林都对此有清晰的认识。

最重要的是，杜鲁门在担任总统的最初几个月，忽视了战后秩序建设这一重大问题，他着眼于结束战争，尤其致力于尽快迫使日本投降。为此，杜鲁门决定第二次轰炸日本，并且尝试对日本使用原子弹，以压迫苏联同意美国拟定的战后条款，此举至少阻碍了苏联在打击日本上所扮演的角色。但是，在战争结束时，杜鲁门政府并没有一套大战略，实现美国在罗斯福时期就渴望建立的新自由主义秩序，而且美国也没有系统使用原子弹以压制苏联的计划，当然更谈不上此后国家安全委员会第68 号文件所提出的冷战蓝图。

第三节　美国与国际核管控机制

早在"曼哈顿工程"时期，美国就一直寻求摆脱与英国的核合作，独力实施核垄断。后来，由于丘吉尔的不懈努力，罗斯福最终同意在战时保持与英国在原子能研发方面实现完全合作，双方签订了《魁北克协议》。因此，英美两国在战时建立亲密的原子合作关系，既是战时紧急的国际环境所致，又是罗斯福和丘吉尔之间密切私人关系的结果。

　　然而，随着罗斯福去世，丘吉尔下台，英美双方的核合作似乎缺少了继续亲密的理由。无论是杜鲁门还是艾德礼，都未从其上任那里得到任何关于原子能发展的信息，所以两人只能从上任政府原子专家那里得到有关原子能的信息。他们也非常盲目地继承存在已久的政策，尽管他们很难理解这些政策的深远含义。对英国来说，它希望与美国继续保持原子合作，艾德礼在看完《海德公园备忘录》之后，更坚定地认为，美国在未来仍然想要与英国展开合作。在向广岛投掷原子弹几个月后，美国的公众舆论也都将英国描绘成美国在原子弹发展中的一个平等的合作者。8月8日，在给杜鲁门的信中，艾德礼也表示他接受这个观点，即英国在发展和控制这个新武器中，是一个平等的合作者。"我认为，你和我作为政府首脑，有权力控制这个伟大的力量，应该毫不推迟地发表一个联合宣言，表示我们想要使用这种现存的伟大力量，并不是为了我们自己的目的，而是对人类的托管。"[1] 8 天后，他又给杜鲁门写了一封信，表明他认为英美两国在战时的亲密合作，导致了这种新的革命性武器的发展，而这些都归功于"坦率地交换信息和人员"。他认为，他们两个都应该发出继续合作的指令。[2]

　　但是，就美国是否应该继续与英国保持紧密的原子合作关系问题，美国政府内部却存在争议。10月10日，国务卿贝尔纳斯、陆军部长罗伯特·帕特森、海军部长福雷斯特尔召开了一次会议。他们认为，英国明显想通过联合政策委员会，对美国的原子政策施加影响。为了消除这种影响，他们要想办法解散这个委员会。最终，他们认为，现在最好的

---

① Francis Williams, *A Prime Minister Remembers： The War and Post War Memoirs of the Rt. Hon. Earl Attlee*, London：William Heinemann, 1961, p. 95.

② Prime Minister to the President, August 16, 1945, Papers of Harry S. Truman, Post Presidential Files, Truman Library, Independence, Mo., Box 3.

办法就是，在委员会中设立一名强有力的美国代表。为了这个目的，他们觉得，格罗夫斯将军是最好的人选；与此同时，贝尔纳斯也将取代科南特。因此在这次会议后，他们决定开始加固他们的防御，以此抵抗英国。11 月，在召开英、美、加三国首脑会议前，布什也提出一个方案，呼吁终止《魁北克协议》，因为这一协议只适用于战争时期。

11 月，英、美、加三国召开华盛顿会议，在发表关于原子能国际控制问题的《联合声明》后，三国又就合作问题达成新协议。三国同意不解散联合政策委员会，不同意联合开发托拉斯，与此同时，联合政策委员会还将为起草合适的新协议条款负责。三国在新协议中声明，原子能合作将会在三国中全面有效地继续下去。① 格罗夫斯随后在提交联合政策委员会的备忘录中写道，三个政府不能泄露任何信息，也不能与其他国家在原子能领域进行沟通。在基本的科学研究方面，三方可以展开有效和全面的合作；在发展、涉及、建造或者是运行工厂方面的合作，联合政策委员会应该做出特别规定。② 上述状况表明，美国虽然同意与英国、加拿大继续合作，但是合作范围限定在基本的科学研究方面，并不涉及原子弹制造的所有方面，美国最担心的事情就是，原子信息有可能会向其他国家泄露。

在这次会议后，联合政策委员会在华盛顿又指派了一个下属委员会，包括格罗夫斯、麦肯齐、莱斯特·皮尔森，试图准备一个新的文件，代替《魁北克协议》。但在实际上，美国并不想与英国展开实质性合作。这个委员会从 12 月一直拖到 2 月中旬，始终未能达成任何协议。

---

① Harrison Bundy Files, file 50.

② FRUS, 1945 Vol. II, Memorandum by the Commanding General, Manhattan Engineer District, and the Chairman, British Advisory Committee on Atomic Energy, to the Chairman of the Combined Policy Committee, p. 76.

艾德礼曾就其在华盛顿会议上所做的承诺提醒杜鲁门，艾德礼强调："这对我来说，意味着全面交换信息，公平分配材料。"但是，杜鲁门的回复是，"'完全有效的合作'词语过于笼统"，"我们必须考虑那些签署华盛顿秘密协定的人的真实意图"。杜鲁门的真实意图，就是要抛弃所有的合作。① 不可否认，1945 年年底，英国和加拿大爆发间谍丑闻，让美国开始重新考虑与英加两国合作的安全问题，他们担心与英加两国的合作，会将信息泄露给苏联。但更重要的因素是，美国想实现对原子武器的绝对垄断，在涉及如何制造核武器这个问题上，美国不愿意与英国共享信息。作为联合政策委员会下属委员会的一名成员，格罗夫斯极力反对用新协定代替《魁北克协议》，同时，他也极力反对美国与英国、加拿大结盟。他认为，新协议的范围要远远大于《魁北克协议》的规定，因此这就等于组成了一个实际上的原子同盟，只有在三方都同意的情况下，合作才能终止。格罗夫斯告诉国务卿，《魁北克协议》是在总统想要进行战争时所签订的一个执行协议，在战争期间被双方强力推行，但是所有协定应该随着战争的结束而结束。格罗夫斯认为，首先，艾德礼、杜鲁门和金在 11 月签署的备忘录，的确是想在原子领域建立一种合作关系，但是，并没有清楚指出或者模糊暗示，要在三个政府之间建立联合企业。其次，美国应该对"完全和有效地交换信息"做出定义。他认为，英国的意思就是，美国交出"所有的技术、工厂设计、整个'曼哈顿工程'的细节、少部分的气体扩散方法（英国在这方面占据优势），甚至一部分的人员"。他认为，美国并不用因为英国对"曼哈顿工程"的贡献，而向英国提供太多信息，因为他们所扮

---

① Gregg Herken, *The Winning Weapon: the Atomic Bomb in the Cold War* 1945—1950, p. 146.

演的角色并不重要。再次，国际社会和美国国内并不会看好这个协议，国际社会会怀疑美国锻造世界和平的诚意。最后，援引《联合国宪章》第102条，所有的条约和国际协议都要在联合国之下签署。因此，即使双边都同意让这个协议秘密进行，这个协议也无法被保密。① 贝尔纳斯、帕特森、布什都认为，第102条款是一个解决与英国继续原子合作困境的好方法，实际上这只是美国摆脱与英国合作的借口。格罗夫斯认为，与英国任何程度的合作，"对我来说，都会损害美国的最佳利益"。②

如果说以上一切行动都意味着，美国逐渐走上脱离与英国合作的轨道，那么《1946年原子能法》的出台，则标志着英美合作的大门被彻底关闭。因为这个法案规定，"禁止泄露或分享秘密与任何一个外国力量"，当然这里也包括英国。这在英国国内引起了轩然大波。英国法律顾问向艾德礼解释，这种方式不仅会终止交换原子信息，也会终止交换裂变材料。6月7日，艾德礼再次给杜鲁门写信，他回顾了两国在原子合作上的历史，也回顾了11月双方发表的公开声明，但是这并没有引起杜鲁门的重视。

与此同时，美国在联合国召开的会议上提出"巴鲁克计划"，提出建立原子能国际控制机构，再消除核武器，而且不承认在核武器上行使否决权。这种做法引起了英国的不满，英国外交大臣贝文在7月公开表示，他反对废除否决权，认为英国需要使用这个否决权来保护自身的利益。与此同时，英国议会也对"巴鲁克计划"做出较差的反应，左翼的工党认为，这个计划只是满足了美国的利益，没有顾及英国的利益。

面对美国的不合作态度，英国在1946年5月打出最后一张牌，威

---

① Septimus H. Paul, *Nuclear Rivals : Anglo-American Atomic Relations* 1941—1952, p. 95.

② Gregg Herken, *The Winning Weapon : the Atomic Bomb in the Cold War* 1945—1950, p. 145.

胁要退出联合开发托拉斯，停止向美国运送英联邦的原子材料。美国最初感到害怕，认为此举"会威胁到以后的联合开发托拉斯，并且也已威胁到英美在原材料领域双边的互惠合作"。[①] 最终，双方在核原料问题上达成解决方案，这看起来似乎为英美之间的持续合作提供了良好前景。英国仍然希望获得美国的帮助，在开发原子能的商业用途方面有所收获，以此恢复其经济，但是，《麦克马洪法案》最终限制了双方的科技交换。1947年，美国宣布与其他国家分享在原子能方面的使用技术是不合法行为。从1946年9月开始，英国禁止从印度运送钍矿石给美国。这样，原本在核技术竞赛中处于领先地位的英国，在战争中接受了与美国在原子合作中的低级位置，此后，这种位置变得越来越微弱，最终，英国被剥夺了原子继承权。艾奇逊说："英美在战争时期存在的蜜月关系已经到达终点。"[②]

1945年，美国因为第二次世界大战胜利，单独垄断了原子弹。美国认定，自己可以保持核垄断优势，竭力想排除与其他国家在原子领域的合作，在原子领域独领风骚，以此实现对国际社会的控制。因此，在1945年年末英、美、加三国召开会议时，美国对与英国、加拿大的继续合作并不热情。与此同时，《1946年原子能法》的出台让美国走向对原子能的绝对保密，封死了与英国、加拿大进行交流合作的通道。这种做法表明，美国统治者也有信心对原子武器实现绝对垄断。

然而，美国对原子领域实现垄断的意愿不得不面临现实的困境。首先就是美国核武器库存量的极低状态。1947年原子能委员会主席利连

---

① Gregg Herken, *The Winning Weapon: the Atomic Bomb in the Cold War* 1945—1950, p. 147.

② Gregg Herken, *The Winning Weapon: the Atomic Bomb in the Cold War* 1945—1950, p. 147.

撒尔给杜鲁门提交的报告清楚地说明，美国在当时并没有可用的核武器。而另一个现实的重要问题就是核原料的短缺。1947年，美国还是主要依靠比属刚果和加拿大的铀矿石。刚果在未来4年的产量，大概每年2000吨，铀矿石产量的一半属于英国；另外，还有150吨铀矿石来自加拿大大熊湖附近的矿地。而美国国内科罗拉多有铀矿，但是产量很低，每年只有300吨，而且品质也很低，同时花费巨大，代价昂贵。凯南和格利恩向罗伯特·洛维特（新的助理国务卿）提交了一份备忘录，他们认为，考虑到原材料的短缺，美国应该改善与英国、加拿大的原子能合作关系。与此同时，原子能联合委员会和另外两个议院外交关系委员会，也评估了美国与英国、加拿大交换原子信息的必要性。一旦议院的领导者赢了，这两个国家就会被邀请举行一次非正式的秘密谈话，讨论原子能联合委员会的失败，以及"我们未来与对方的相处，特别是在采购原材料和交换信息方面"。①

利连撒尔将美国与英国合作置于十分重要的位置，他认为，保持良好的英美关系，对于保护铀矿石供应十分重要。他尤其强调了南非的潜在铀供应，英国在那里有很大影响，美国以后可能要千方百计地取得南非的铀矿石。利连撒尔提出两个方法，一个是呼吁建立良好的英美关系，另一个是将战时的协议披露给国会。5月，利连撒尔将英、美、加三国的战时和战后协议完全披露给原子能联合委员会，这些新披露的内容让原子能联合委员会的成员们目瞪口呆，他们刚知道原来英国对美国研发原子弹做出如此巨大的贡献。艾奇逊甚至强调，英国的科学和技术水平，是可以与美国匹敌的。英国的工业虽然在如何制造上远远落后于美国，但是这仅仅是因为两个国家决定在美国集中发展原子能。

---

① FRUS, 1947, Vol. I, Memorandum by Kennan and Gullion, p. 844.

　　埃蒙德·格利恩告诉麦克莱恩，美国国务院正在准备在原子能问题上与英国展开合作。然而，在美国重新决定与英国展开原子合作的时候，换来的是英国的不信任。英国大使认为，"我们倾向于相信，国务院事实上在实行一项计划，即与我们和加拿大搞好关系，给我们在烤箱门后面一瞥，鼓励我们在纽约的联合国大会上站在一起"。① 但实际上，美国是想建立一个新的原子能政策，即呼吁建立一个一般的原子联盟来抵抗苏联。这项政策包括，加强美国对原子武器的垄断，加大生产时间表，获得可以信赖的原料资源。英国的有利地位在于，它直接或间接控制着三个主要的原料资源：英国的库存、南非的未来生产，以及比属刚果的未来生产。其实，美国在 1947 年所提出的提议，主要受到美国对铀矿石的需求不断增长的影响。英国也知道，美国是因为原料短缺，才开始重提合作的事情。英国驻美大使戈登·芒罗就曾评论道："美国正处于矿物短缺中，对保持核炸弹的生产显示出焦虑，因此对我们的储备有可耻的意图，我们期望可以讨论未来的货运，以及事实上对英国储量的处理问题。"10 月 2 日，芒罗不再有疑问，格利恩告诉他，一个不愿意透露姓名的议员会将英国铀储量的问题，在未来美国对英国财政支持的背景下提出。

　　联合政策委员会制定了一个下属的技术合作小组，包括英国、加拿大各 1 名代表、4 名美国代表。这个小组提出，三方可以在 9 个领域互利合作。但是，该小组上交的报告无法使英国感到满意，因为它排除了技术和军事上让英国感兴趣的问题，为此，英国进行了很虚弱的抗议。在这个列单中，有三个内容已经解密，向所有人公开：（1）1947 年解密方针所涵盖的第一、二部分；（2）整体的健康和安全领域；（3）在

---

① Septimus H. Paul, *Nuclear Rivals: Anglo-American Atomic Relations* 1941—1952, p. 116.

第一部分中所列出的低能量反应堆的整体研究经验。其中，上述列单也包括了英国在两个领域所占据的技术重要性，即英国与美国相比所具有的技术优势，这两个领域包括提炼低水平的矿石，以及自然铀反应堆的利用。其他内容还包括，研究使用放射性同位素与稳定同位素，还有开发富集矿——与南非和其他相关国家或人士展开合作。在这种情况下，1948 年 1 月 7 日，英美两国签署新的合作协议。该协议规定如下：

（1）所有的战时协议均无价值，除了与原材料相关的条款。没有进一步需要，在使用原子弹之前，必须获得英国的同意。

（2）所有刚果在 1948—1949 年生产的铀矿石必须分配给美国。

（3）如果美国需要更多的原材料，在维持最小化计划的同时，应该从英国的库存中提供。

（4）原子信息的交换，应该在前面提到的 9 个相互同意的领域中进行。①

在这个临时协定中，美国预订了 1948—1949 年刚果铀矿的全部产品，其他英国所属的铀矿，也有必要满足美国的要求。作为交换，英国重新得到了美国的援助，美国承诺帮助英国在哈维尔展开原子能项目。但是，因为交换关于原子能方面的实质性技术信息，仍然为《麦克马洪法案》禁止，合作的细节仍然非常模糊。英国对这个临时协议并不满意，科克罗夫特后来说：这"并不是一个令人兴奋的结果，至少是一个开始"。但与其说是一个新的开始，不如说这是英美战后合作继续滑落的标志。持续执行临时协议的内容，只会制造越来越多的误会。美国出于安全考虑，并未在原子领域扩大与英国的合作。实际上，临时协议也是朝着巴鲁克提出的铀国家联盟的方向迈出的一个步骤，这个铀国

① FRUS, 1948, Vol. I, Minutes of Combined Policy Committee, pp. 679-686.

家联盟是国际控制原子能的首选方案。对原子能实施国际控制的希望破灭后，艾奇逊也转向呼吁建立一个原子联盟。

在取得足够的原子原料后，美国积极发展与之相关的军事装备与设施。1948年年初，美国只有33架轰炸机能够携带原子弹，美国计划到11月将B29型轰炸机增加到120架，原子能委员会还要增加其投弹部队，从1948年6月的一年3个，增加到一年7个。

1948年，"柏林危机"爆发后，英美的军事合作日益密切，美国在英国东安吉利亚空军基地派驻了B29型轰炸机，英国成为美国在欧洲的重要军事基地。1949年，苏联爆炸成功原子弹，此举宣告了美国核垄断破产。

而英美两国的合作也因为1950年间谍丑闻的曝光而面临挑战。美国开始重新考虑与英国展开合作的安全风险，该事件在英美两国原子合作上投下了阴影。1951年10月30日，《麦克马洪法案》修正案在美国国会通过，该修正案旨在帮助加拿大提高供应给美国可裂变物质产量。该修正案规定，在一定条件下允许美国与外国交换原子能机密，此举标志着美国找到了从其他途径获取核原料。这样，美英的合作看起来变得不必要，美国可以通过英国以外途径获取原子材料，与此同时，原子间谍案件再次显示了英国在安全管理上存在疏漏，这些都对美国的核安全极为不利。1951年10月，英国保守党在议会大选中获胜，丘吉尔重新执政。在当选不久后，丘吉尔就想重新恢复英国对世界的影响。1952年1月7日到10日，丘吉尔与杜鲁门举行了为期4天的会谈。丘吉尔建议，让其私人顾问伟切维尔爵士与美国官员就双方在核领域展开有效合作进行商讨。美国国务卿艾奇逊认为，《麦克马洪法案》修正案可以适用于英国，但是英国必须改善其安全情报措施。

美国与英国的合作起伏，取决于美国对自己的原材料供应的判断。每次英国想要独立展开原子能研究时，美国就会通过重新进行协商来阻止英国的研发工作。1946 年年初，杜鲁门收回其同意继续战时原子合作，与此同时，美英双方也就临时协议展开协商。政府和原子能委员会都希望承认英国的原子能计划，并且支持采取步骤，分享其原子弹信息。但是，他们遇到原子能委员会成员里维斯·施特劳斯、参议员希肯卢珀以及范登堡的反对，上述人士的反对意见导致了临时协议陷入崩溃。

英美原子合作是长期的，也是不确定的。双方从 1941 年开始合作，已经历时 11 年之久，英国和美国已经不再有亲密的关系足以建立一种完全平等的伙伴关系。美国已经获得了足够多的铀材料，英国也有了足够的技术经验发展核弹，双方都可以重新评估核合作的整体问题，并且找到新解决方案。但是冷战的加剧为两国关系注入了新的紧张因素。

美英在战时开始的紧密合作，得益于美英两国元首之间的亲密关系，但是两国领导人对战后原子能究竟如何发展还不知道，他们只知道《海德公园备忘录》给英美战时合作打下了基础，两国在 1945 年战争结束后继续其战时合作。在美英等国看来，苏联东欧集团及其意识形态，威胁到西方资本主义价值观，也威胁到东欧解放民族的民主和自由，尽管形势紧张，但不足以使英美特殊关系延伸到原子能领域。在饱经战争的蹂躏后，英国的世界影响加速衰落，美国成为自由世界的领导者，而英国则变成二流大国，不得不在国际事务中屈从于美国，并且寄希望于美国，希望借重美国的力量，维持其在国际事务中的重要影响。虽然美国看似同意英国的借力之说，但美国领导人并不认为，英国是一个可以接受的力量，值得美国与其分享原子秘密。

　　第二次世界大战后，经过协商，美、英、加三国成立了原子能联合委员会。虽然这个机构的目标是，在国际层面实现原子能控制，但是美国只想将该机构作为服务其核垄断的工具。在 1946 年联合国原子能大会上，美国提出了"巴鲁克计划"，这个计划要求建立一个国际权威机构，对世界范围内的核材料和核生产进行检查，在完成世界范围内的调查后，销毁现存的原子弹。但是，该计划并没有说明，在检查期间需要停止原子弹的制造。实际上，美国是想让苏联放弃制造原子弹，并且在交出可裂变材料后，自己再停止建造原子弹。美国的目的是，既不想其他国家发展并且拥有核武器，又想维持自己对核武器的垄断。美国所提出的原子能国际控制方案，实际是为了延长自己的核垄断。如果苏联接受这个计划，美国就可以按照自己设计好的方案继续推进其核垄断步骤；如果苏联不接受这个方案，美国就可以将不同意对原子能加以国际控制的罪名强加于苏联。苏联没有接受"巴鲁克计划"，而是提出了针锋相对的"葛罗米柯计划"，要求先销毁现存的核武器，再对原子能进行国际控制，美国当然不会同意这一说法。有关原子能的国际控制，在尝试失败后，逐渐销声匿迹。

　　在外交上，美国也逐渐开始利用核武器的威慑价值。第二次世界大战结束后，美国召开了一系列关于战后国际秩序安排的国际会议。在 1945 年 9 月召开的伦敦外长会议上，美国想要通过对原子弹的垄断，迫使苏联在东欧问题上让步。在会议上，莫洛托夫问贝尔纳斯，他是否有"一颗原子弹装在裤袋里"。贝尔纳斯回答说："你不了解南方人。我们把大炮装在口袋里。如果你不完全清除这个障碍，让我们认真开始工作，我打算从我臀部的裤袋里掏出一颗原子弹，让你尝尝。"[1]　即使

---

　　① 格雷格·赫肯：《获胜的武器》，纽约，1980 年，第 48 页。

这样，原子弹暗含的威胁，实际上丝毫未能使苏联从东欧挪动一步。在这一时期，美国从来没有有意识地实行过带有直接威胁的"原子外交"。① 但是，贝尔纳斯的做法，显然是在利用原子弹的威慑价值。

在与盟国合作方面，美国既想维持自身的核垄断地位，继续核保密政策，又想在发展核武器上依赖盟国的帮助。这种政策上的矛盾性，虽然给美国带来了实际帮助，但也不可避免地伤害了与其合作的盟国，英国逐渐走上独立发展核武器的道路。战后初期，英国表现出继续与美国在原子能方面进行合作的愿望，但是美国出于对核垄断的考虑，拒绝了英国继续合作的请求。原子能委员会成立后，经过其细致调研发现，美国自身并没有丰富的裂变材料储备。美国需要与英国重新合作，以此获取英国殖民地的核原料。与此同时，由于 B29 型轰炸机的飞行半径太短，如果不进行空中补给，就没有办法进行洲际轰炸，因此美国需要依赖其海外基地。在现实需要下，美国放弃了绝对保密的政策，同意以分享一部分原子能信息为代价，与英国在原子能方面重新展开合作。1948年"柏林危机"爆发后，英美军事合作日益密切，美国在英国的东安吉利亚空军基地派驻了 B29 型轰炸机，英国成为美国在欧洲的重要军事基地，这在很大程度上也强化了美英在原子领域展开合作的前景。

---

① 托马斯·G. 帕特森、J. 加里·克利福德、肯尼斯·J. 哈根：《美国外交政策》，李庆余译，中国社会科学出版社，1989 年，第 607 页。

第四节 建立核安全同盟

第二次世界大战后，欧洲各国百废待兴，他们把主要目标都锁定在恢复经济之上，认为经济恢复是针对苏联领导下的共产主义渗透的主要防御政策。欧洲经济合作委员会主要负责监督欧洲恢复计划并且协助分配，着眼于工业和商业，而不是军事援助。总体来说，欧洲各国在军事上花费很低。法国在武装上的花费，也主要是控制帝国范围，尤其是印度支那地区。在1947年伦敦会议失败后，荷兰意识到，苏联是妨碍建立统一的、非武装化德国的主要障碍，于是将苏联看成主要的安全威胁，但是，严重的经济困难也让荷兰的军事费用大大压缩。英国的政策基于对英属伊朗实施防御，控制中东，保持海上联络线，这对于英国来说，可谓最重要的利益所在。第二次世界大战后，英国的债务是国民生产总值的2.7倍。基于这种情况，英国战争办公室估计，苏联军队可以在两个月内占领德国、低地国家和法国，并且可以开始对石油丰富的中东展开进攻。

随着冷战氛围日益紧张，美国通过"马歇尔计划"展开对欧洲的经济援助。1949年4月4日，北约成立，这标志着美国与欧洲正式建立了冷战军事同盟。1949年10月10日，北约的常设小组（英国、法国、美国）制订了一个北约军事计划。1949年12月1日，北约防御委员会提出"北约地区防御战略概念"（DC6/1）。[①] 北约成员国一致同意，他们的目标首先是合作。即在和平时期，北约强调加强其成员国的军事和

① FRUS, 1949, Vol. IV, p. 352.

经济力量，形成一个针对任何威胁和平国家或国家集团的强有力遏制，最终建立一个独立并且稳定的北约大家庭。其次，北约还制订了非常详细的发展计划，即一旦遇到敌方威胁或者爆发战争，北约国家可以使用联合雇佣军，用来防御并且保护北约成员国的国土和人民生命安全，以及北约地区的安全。① 文件还详细规定："尽可能运用一切手段，确保拥有及时进行战略轰炸的各种类型的武器的能力。"显然，这一责任主要由美国承担。上述文件还规定了参与国家要统一军事理论和程序，以及在合适的情况下，举行联合军事演习等。该文件出台标志着北约确立了其集体防务的目标和任务，也确立了为实现集体防务所采取的具体措施。此后，北约在集体防务上的合作越发密切。

在朝鲜战争前，美国对北约的防御战略主要是依靠核打击对苏联进行威慑。1950年，在美国的影响和控制下，北约制定了威慑和打击苏联的相关战略文件——《北约军事委员会第14号文件（MC14）》《北约防务委员会第13号文件（DC13）》。上述文件认为，西方和平时期的目标是："对抗苏联及其卫星国家在和平时期使用任何战争以外的手段，增加他们对北约国家的威胁，同时采取措施，利用苏联的缺点。"② 一旦苏联实施入侵行动，西方就会对苏联实施战略核轰炸。同时，北约的地面力量也要尽可能快地对苏联进行抵抗。西方的地面武装力量要争取做到迫使对方不战而退，撤出欧洲大陆。而在此之后，北约还秘密制订了以英美为主导的作战计划，即在第二次世界大战的模式下，一旦战略核进攻给苏联的武装力量造成损失，希望西方国家出动地面武装力量解放欧洲。MC14文件还宣称，要将敌人尽可能挡在北方和东方。DC13

---

① FRUS, 1949, Vol. IV, DC6/1, p. 354.

② NATO, DC. 132.

文件甚至说，这是西欧地区的战略目标，即让敌人尽可能远在德国的东部，而在敌人后方展开游击队运动。DC13 文件认为，苏联宣告投降，是战争第三阶段的目标，第四阶段是"最终实现盟军的战争目的"，但是未做更详细的描述。上述计划出台后，北约成员国于 1950 年一致表示同意。虽然各成员国联合在一起的常规武装力量在数量上比苏联红军要多，但是早期北约战略形势的特征，就是强调对苏联的常规武装进攻做出快速战略核反应，常规武装力量的抵抗并不被看好，被视为不会有效，北约甚至还认为，粉碎苏联完全取决于美国的核轰炸能力。由此可见，在美国的主导下，北约早期针对苏联的战略基本上还是主要依靠核打击，而不是依靠常规武装力量。

在朝鲜战争爆发前，美国及欧洲各国的常规武装力量明显很弱，这既是美国与北约主要依靠核力量及其战略的原因，也是该战略实施的结果。到 1950 年 5 月，美国有 14 支现役部队，其中只有 1 支部署在德国占领区，而且驻守在欧洲的美军人数还不到 10 万人。驻守德国占领区的美军，其主要目标是防止纳粹主义，并且保持德国的法律和秩序，这支部队并没有足够的武器装备，也没有足够的空军力量，可以让他们有能力对抗苏联的武装力量。美国也没有海军驻扎在西欧地区。[①] 不只美国是这样，英国和法国对德国的占领同样非常虚弱。

朝鲜战争爆发，促使美国在欧洲战略上实施调整。杜鲁门在参议院做报告时强调："在所有的情况下，很显然，美国需要增加军事力量和准备，不仅为了对付在朝鲜的侵略，也是为了和其他国家一起，增加共同防御力量以对付将来的侵略。应增加的力量有三个方面：第一，为了应付朝鲜局面，我们需要向麦克阿瑟将军增派兵力、装备和供应，越快

---

① Hammond, Origins of NSC68, p. 289.

越好；第二，除在朝鲜需要增加支援外，世界形势要求我们大量地扩大我们武装部队的规模和物质装备；第三，在共同防御上，我们必须帮助与我们有关系的自由国家，加强他们的军事力量。"① 杜鲁门力主在欧洲驻军，目的就是要建立针对苏联的常规军事力量优势。虽然在北约成立之初，欧洲的极左势力反对美国对欧洲的驻军，但朝鲜战争爆发后，这种情况明显改善。挪威驻美国大使向艾奇逊强调，挪威认为美国在北约的政策益处要远远大于冒险。英国的《经济学家》杂志则认为，杜鲁门的行为是用武力防止苏联入侵。法国也认为，如果杜鲁门让共产主义自由入侵韩国，那么在韩国之后，就是印度支那，在印度支那之后就是整个的东南亚。② 欧洲各国希望美国能够有效平衡苏东集团的经济和军事能力，但是并不想让这种力量通过使用核武器的方式予以证明。因此，他们积极寻求美国的承诺，即在中欧地区部署更多的常规武装力量。杜鲁门在朝鲜战争爆发后，也想要在北大西洋地区建立一种常规武装力量优势，这正好与欧洲各国的目标相符合，其结果就是，美国得以在西德部署大量战斗部队。

朝鲜战争爆发后，美国在北大西洋区域建立防御体系的第二个重点就是重新武装德国。虽然在朝鲜战争之前，重新武装德国的事情就已几经讨论，甚至杜鲁门自己也认为，重新武装德国是错误的。③ 但是在朝鲜战争爆发后的第九天，杜鲁门改变了想法。杜鲁门意识到德国军队的存在对于抵抗苏联的入侵来说非常有用。美国的军队和议会也鼓励总统重新武装德国，议会批准了拨款，允许部署美国军队到欧洲，增加对欧

① 迪安·艾奇逊：《艾奇逊回忆录》，上海译文出版社，1978年，第290页。
② Raymond P. Ojserkis, *Beginnings of the Cold War Arms Race*, p. 20.
③ HSTL, President's Secreatry's Files, box208, Memorandum from the President to the Secretary of State, Ntional Security Council Meeting 60, 16 June, 1950.

洲的军事援助。英国和荷兰也提议，尽快对德国进行重新武装。虽然在重新武装德国的问题上，法国并不情愿，但是迫于西欧大部分国家都希望重新武装德国这种压力，最终也不得不同意重新武装德国。

1951 年 5 月 19 日，美国第一批从纽约出发的部队抵达欧洲，成为北约武装的一部分。到 1952 年，美国在西欧的军队增加到 6 支部队、503 架飞机和 82 艘战舰，人数也达到 260800 人，比朝鲜战争中的参战人数还要多 2 万多人。与此同时，在朝鲜战争时期，北约自身也建立起一支军队，北约各国的军事开支都比以往大幅度增长。① 1952 年 2 月，北约理事会在里斯本召开会议，讨论了"欧洲防务共同体"政策。此次会议提出，在 1954 年，将北约武装力量发展至 96 个师、4000 架飞机的庞大军事目标，理事会还确立了建设一支强大海军力量的军事目标。②

除了增加对欧洲的军事援助、重新武装德国、向欧洲加大常规军队部署之外，美国还在全球范围内积极扩大自己的同盟系统。尽管很多年来，美国一直在世界舞台上扮演着广泛参与者的角色，但是只有朝鲜战争，才让美国真正积极地在世界范围内部署武装力量。1950 年夏，堪称美国在全球范围内增加军队部署的决定性时刻。美国全球性战略转变具体表现在以下三个方面：第一，通过部署美国军队，武装扩大美国的军事义务；第二，扩大条约义务，一旦发生战争，便让美国军队承担责任；第三，美国开始在其他国家展开非战斗性行动。从军种方面看，美国空军做出更广阔的部署，战略空军司令部获得海外基地使用权，即可以使用美军在亚速尔群岛、冰岛、利比亚、摩洛哥、纽芬兰、沙特阿拉

---

① Raymond P. Ojserkis, *Beginnings of the Cold War Arms Race* 1949—1951, p. 58.

② 许海云：《北约简史》，中国人民大学出版社，2005 年，第 58 页。

伯、土耳其等地的军事基地。美国将战略空军建造成一支强有力的力量，由成千上万名军人组成，如果美国或者其盟友遭到核打击，美国的轰炸机随时可以在空中进行报复。就海军方面而言，美国研制成功第一艘核动力潜艇，而且美国还将第七舰队部署在台湾海峡，深深卷入了中国内战。

从驻军范围看，除了持续整个冷战时期美国在中欧的军事部署之外，从 1950 年起，美国也在韩国部署军队，以应对可能来自朝鲜的袭击。在北极圈，美国建立了新的雷达系统和远程预警系统，防止苏联发动袭击。战略空军司令部将其部队分散部署，坐落在美国本土的基地从 19 个增到 30 个，海外基地则从 1 个增加到 11 个。另外，美国还在英国、摩洛哥、西班牙、利比亚等地建立了海外基地，从而进一步承担起前沿集体防御的责任。

从安全协议看，朝鲜战争也引发了美国建立军事与政治同盟的高潮。1951 年 8 月到 9 月，美国和日本在旧金山会议上签订了安全协议。与此同时，美国与澳大利亚、新西兰建立了新的三边同盟，美国和菲律宾签署了双边防御条约，美国还与中国台湾签订了共同安全协定。

随着冷战斗争愈演愈烈，美国与众多国家结成安全同盟，并且在全球范围内建立军事基地，大大方便了美国在世界范围内进行核武器部署。事实上，这些同盟国成了美国对苏联进行核威慑的前沿战线，全面推动和丰富了美国核安全网络的扩展与深化。

第四章　美国核军事战略与核军备发展

第一节　核军事战略的演进

一、核军事战略的形成与发展

核军事安全体系的建立与完善，是美国为保障国家核安全所采取的重要措施。第二次世界大战结束后，美国建立了以核武器为核心的军事战略，将核武器与保卫国家安全紧密相连。为适应冷战时期国家安全形势的需要，美国不断制定核军事战略，逐渐确立了空军在核战略中的优势地位，将空军的核轰炸作为维护国家安全的重要手段。为了继续保持核优势，美国也不断发展核军备。核军事战略不断充实和完善、核军备地扩充，共同构成美国核军事安全体系的重要内容。

（一）"蝎钳战略"及其目标

1946年春，参谋长联席会议开始重新评估原子弹对于美国军事战略的影响。3月底，参谋长联席会议提出新研究报告。该报告肯定了原子武器的重要性，"原子弹比起其他的武器来说是一个巨大的进步，它对于战争的影响要远远大于火药和飞机"。报告也承认了阿诺德将军早期提出的"美国应该保持在空军上的优势"的建议①，这些都反映了美国的战略重心开始向空军倾斜的转变。

　　1946 年 6 月，参谋长联席会议所属的联合战争计划委员会，批准了一个名为"蝎钳"（Pincher）的过渡性作战计划。该计划提出，一旦发生战争，原子弹会作为"反击苏联的主要初始努力"，发挥美国在战略上实施空中进攻的主要优势。②这是原子弹首次被写入美国的战争计划中。但是，"蝎钳计划"虽然明确了充分发挥原子弹空中打击优势的重要作用，但具体到如何有效使用原子弹这一问题上，计划的制订者们还存在分歧。比较激烈的争论体现在，原子弹应该进攻哪些目标，才能最大限度地实现其战略价值。传统的进攻目标是帝国的运输系统，而且苏联的运输系统堪称"苏联战争机器中最为重要的部分"，但是由于分布过于广泛而不容易受到攻击。对钢铁厂、飞机、电厂等主要工业设施实施轰炸，需要耗费很长时间，并且预计轰炸效果并不明显。比较而言，苏联的石油工业对于军队的机动性来说十分重要，并且极易受到空中进攻。而且，更令美国人感到欣喜的调查结果是，67% 的苏联石油工业仅仅分布在 17 个城市，而美国空军参谋研究所的结论是，如果有足够的核力量能够在很短时间内用于打击现代国家的主要城市，敌方的士气将陷入崩溃，战争也将随之结束。因此，美国将石油工业城市作为对

---

① Gregg Herken, *The Winning Weapon: the Atomic Bomb in the Cold War* 1945—1950, p. 217.

② JWPC 432/7, June 18, 1946, in CCS 381 U. S. S. R. (3-2-46), section 2, Papers of the United States Joint Chiefs of Staff.

苏联实施原子袭击的目标。①

虽然"蝎钳"将原子弹写入美国的战争计划，但实际上从1945年到1948年，美国的国家武器库以及运输能力十分有限。从数量上看，直到1948年7月，美国只有50颗原子弹，并且这些武器都不是组装好的，需要39个人用两天时间组装完毕；从技术上看，它们都"标记Ⅲ型"（Mark Ⅲ）和"胖子"（Fat Man）内爆核炸弹，对裂变材料的使用十分低效，核炸弹有10 000磅重；从运输能力上看，到1948年，美国只有30架B29型轰炸机，战略空军司令部正在对其进行改良，以便用于投弹，可执行投弹任务的所有509型轰炸大队都集中在新墨西哥州的罗斯维尔。

1947年夏，美国在军事上对原子弹在战争中价值的考量进入拐点。1947年7月29日，参谋长联席会议评估委员会发布了对1946年"比基尼岛核试验"的评估细节，最终报告提交给军队的全体领导人。这份报告反映了美国对核武器潜在力量评估的重大升级。报告提出，在可预见的未来，原子弹能够让任何国家的军事努力白费，并且能够摧毁其社会和经济结构；原子弹与其他大规模杀伤性武器，很可能消灭地球上大部分土地上的人口，仅剩下人类物质世界的残余物品；原子弹要求最有效的运输手段，这样才可能实现原子弹打击力量的最大化。② 该报告增加了军队对核武器能力的信任感，并且确保了核武器能够在未来的战略计划中扮演核心角色。

---

① JWPC 416/1, Revised, Jan. 8, 1946, CCS 092 U. S. S. R. (3−27−45), section 3, and JPS 789/1, April 13, 1946, CCS 381 U. S. S. R. (3−2−46), section 1, Papers of the United States Joint Chiefs of Staff.

② JCS 1691/10, Dec. 29, 1947, CCS 471.6 (10−16−45), section 9, part 2, Papers of the United States Joint Chiefs of Staff.

1947 年 8 月，美国军方又出台了一个"烤肉计划"（Broiler）。该计划是美国早期战争计划的发展与延伸，其重点在于美国原有的战争计划出现重大改变，这一方面展示了空军原子战略在美国军事作战原则上的胜利，另一方面展示了美国将其作战重点放在原子弹上。

1947 年 12 月，美国时任国防部长的福雷斯特尔向参议院提交了一封信。信中提到，维持世界的安全和稳定，需要美国提供其独特的核力量优势，最重要的就是提供原子弹，因此，美国需要继续自己的原子优势。这封信实际上不仅显示了美国军事战略对核武器的依赖，而且也展示了美国遏制政策本身对原子弹的重度依赖。

美国的政策制定者们把原子弹当作国家战略的核心。1948 年，总统直接领导的空军政策委员会（芬勒特委员会）和国会另一个类似的委员会共同声称，以核报复进行威慑，构成美国国防政策的基石。由于核弹头的洲际运载系统能够突破对其拦截的防空系统，所以一支常备不懈的进攻性空军部队，对于遏制战争来说必不可少。

（二）捷克斯洛伐克危机后美国的战略调整

1948 年 2 月，捷克斯洛伐克爆发"二月危机"，构成对美国安全战略的第一次挑战。与此同时，中国国共两党内战形势逐渐恶化，也给华盛顿敲响了警钟。实际上在此之前，参谋长联席会议就开始敦促国务院，要其在海外前沿地区为美国军队争取驻扎的权力，但由于此时这一需求尚不急迫，到 1948 年春，美国并没有人为这些驻军权与相关国家展开协商，美国的海外基地也无人管理。一旦遭到苏联对西欧的闪电战袭击，至少在 1948 年 3 月，美国既不能对苏联的中心地区发射计划好的空中核打击，也不能从大陆上撤退陷入危险的美国军队。"我们军事力量在处理不同的潜在的世界范围内的爆炸区域的局限性是令人惋惜的。"在捷克斯洛伐克危机后，适应于新形势的新战略呼之欲出，美国推出应用于短期紧急情况的战争计划，即"强夺者计划"（Grabber）①，但是该计划只考虑美国现存的军事力量，而没有制定未来的行动原则，也没有拨款。"强夺者计划"展示了美国政府对未来战争结局不乐观的一种思想趋向。原来美国对战争的预期是，美国与苏联在5年内不会发生战争，即使发生了也会有1年的警告期，但是捷克斯洛伐克危机改变了美国人的看法，"强夺者计划"甚至认为，战争随时可能发生，而且几乎没有事先警告。"强夺者计划"不同于此前的"蝎钳计划"（Pincher）和"烤肉计划"（Broiler）。该计划表明，一旦发生战争，美国的军队将迅速撤退到德国、奥地利，以及的里雅斯特的战线，该战线将保卫莱茵河以西地区。美国将尽可能早地发动重大空中原子进攻，在战争开始后的两个星期内，轰炸机要从美国位于英国、巴基斯坦、印度、冲绳的基地出发，执行轰炸任务。

捷克斯洛伐克危机也给了美国一个暗示，即有必要做更多事情来对抗共产主义"挑衅"。这一设想最直接的反映就是，国家安全委员会开始重新评估在战争的威胁下的美国大战略。NSC7号文件是捷克斯洛伐克危机所引发危机环境的产物，也是第一个使用"冷战"一词的政府文件。该文件提出更加广泛反击共产主义的措施，这些措施包括以下要素：通过普遍军训重整军备；继续保持美国在原子武器上握有的绝对优势；加强美国对欧洲的援助努力，包括"协调一致的项目支持铁幕背后的国家的地下抵抗运动"；在国内"有计划地镇压共产主义威胁"。NSC7号文件是美国面对苏联共产主义"扩张"而进行的动员令，在

---

① Gregg Herken, *The Winning Weapon: the Atomic Bomb in the Cold War* 1945—1950, p. 245.

1948 年 3 月底被批准实施。

1948 年 5 月 19 日，参谋长联席会议批准了战后联合紧急战争计划——"半月"（Half-Moon）。"半月计划"提出的要求是，"通过在西欧大陆进行重大进攻，在远东地区实施战略防御"，毁灭苏联的抵抗意志。该计划的主旨是，"实施有力的空中打击，利用核武器这一新力量，抵抗苏联发动战争的能力"。实际上，美国还是想保留其在西欧的立足点，保留途经地中海的通信线。在"半月计划"的基础上，空军又制订了更加详细的进攻计划——"耙计划"（Harrow），要求将 50 颗原子弹投放在所设定的苏联 20 个城市的目标系统里，以引发"至少 50% 的苏联工业立刻停顿"。①

（三）"柏林危机"与原子战略的调整

就在"半月计划"完成一个月后，"柏林危机"爆发，苏联开始封锁柏林。6 月 30 日晨，有消息传来，苏联发射的防空气球，阻断了英国通往柏林的航线，英国考虑射下气球，此事引起了美国内部对当前国际形势和战争机会的讨论。美国副国务卿洛维特和参议院外交委员会主席范登堡都反对采取违反和平的行动，他们认为，应该采取克制行动，提出外交抗议。美国武装部队司令参谋长威廉·李海认为，美国没有足够的兵力，因此不要射气球，也不要开始战争，但是要让美国部队尽可能长期待在柏林。他认为，美国应开始快速调动其核资产，"我们没有很多，但是我们仍然能够制订计划使用我们所有的东西，我不知道我们应做什么，但是不管我们有什么，我们都要使用。无论如何，使用它们

---

① Comments on "Harrow", appended to Charles P. Winkle to chief, War Plans Division, March 20, 1950, OPD 337 (6 August 1948), section 2, Papers of the Chief of Staff of the Air Force.

都是一个好的观点"。相比威廉·李海，罗亚尔更为激进。他认为，防空气球提供了很好的摊牌口实。如果这个时机来了，美国就不应该排除使用原子武器。罗亚尔认为，战争的危险让国家安全委员会关于原子战争的研究更加迫切。① 虽然在第二天，有消息称，苏联的防空气球不见了，但是美国仍然采取措施，防止更坏情况发生。7月2日，美国派遣第301轰炸小组开赴西德，同时部署第307和第28轰炸小组开赴英国。虽然英美之间除了1946年《斯帕茨—泰德备忘录》，还没有任何固定的协议负责处理美军进入英国基地等事宜，但是英国因为担心德国出现紧张局势，对于美国提出的驻军部署很快就表示同意。与此同时，美军第509轰炸小组开始实施24小时警戒，该轰炸小组有美国唯一一架装载原子弹的改装飞机。

"柏林危机"暴露了美国在军事部署上存在的一系列问题，虽然此前美国制订了"蝎钳计划""强夺者计划"等一系列作战方案，但是一旦危机发生，美国的应对措施显然没有井然有序。这次危机也暴露了美国决策中的一些不足，即在一些关键性、有争论的问题上，政府仍然没有找到妥善的解决办法，例如，原子弹制造、托管和使用问题。战略空军司令部和陆军因为原子弹托管权归属的问题，从1947年起就争论不休。而在文官和武官之间，究竟谁应该控制原子弹的争论，也在"柏林危机"中再一次爆发。军队内部对于要不要在战争中使用原子弹，以及如何使用原子弹等问题，也爆发了激烈争论。这也就是说，正是"柏林危机"将美国在原子弹问题上那些持续争论又没有得到解决的问题推上了风口浪尖，杜鲁门政府不得不就这些问题做出决定。"柏林危

---

① Samuel R. Williamson, Steven L. Rearden, *The Origins of U. S. Nuclear Strategy* 1945—1953, New York: St. Martin's, 1993, p. 78.

机"不仅仅是美苏在德国问题上不能达成共识的最后一步，也是美国针对核武器态度的一个转折点。

1948年9月16日，杜鲁门批准了NSC30号文件，这是"柏林危机"后美国关于原子弹政策的首个官方文件，直到1959年，这份文件也是唯一一份被总统批准的国家安全委员会提交的关于美国核战争政策的文件。

NSC30号文件认识到，美国的防御计划以及欧洲经济恢复，都依赖于原子弹，因为原子弹"提供了针对苏联军事力量威胁的主要平衡力量"。文件要求将核武器包含在美国军事计划中，要求在一旦发生危险时，美国可以使用包括核武器在内的一切可行手段，来维护国家的安全。文件也重申，任何关于最终使用核武器的决定，都要由总统做出。即"一旦发生敌对，国家军事机构必须准备好迅速使用所有有效手段，包括原子武器，在国家安全利益上，要相应地制订计划。一旦发生战争，使用原子武器的决定应该由总统发出，当他认为需要考虑这样的决定之时"。①

NSC30号文件回避了这样一个问题，即一旦发生战争，美国政府是否应该公开宣称将使用原子武器的意愿。考虑到在做出决定时，"公众意愿必须要当成一个很重要的因素进行考虑"，国家安全委员会认为，在和平时期，这样的宣称是不成熟的，在政治上也是不明智的。NSC30号文件的策划者不仅害怕宣称在战争中使用原子弹的意图会错误引起公众的讨论，同时他们也认为，这样的讨论会引起苏联领导人的严重怀疑。"美国的政策可能会引起苏联的进攻"，"苏联不应该有任何细微的

---

① FRUS, 1948, Vol. I, NSC30 "United States Policy on Atomic Warfare", pp. 625-628.

理由相信，美国不会考虑使用原子弹对抗他们"①。

通过 NSC30 号文件，杜鲁门仍然保持着完全控制和使用核武器的权力。但是，因为同意将核武器包含到军队计划中，杜鲁门的军事顾问实际上不仅可以决定应该攻击目标的特征，也可以决定核武器在什么情况下可以付诸使用，军事顾问可以通过设定上述条件，逐渐缩小杜鲁门的选择范围。

虽然 NSC30 号文件是美国第一份关于核战争政策的官方文件，但是它对于如何打一场核战争，在措辞上仍然非常模糊。NSC30 号文件并没有描述在什么情况下使用原子弹是合法的，使用原子弹要达到何种目的，什么样的目标需要使用原子弹实施攻击。NSC30 号文件也未能解决军种之间在财政预算上的竞争、原子弹的托管问题、战争角色的界定问题。11 月 23 日，国家安全委员会在 NSC20/4 号文件中回答了上述问题。NSC20/4 号文件概括了美国与苏联对抗的目标，"不通过战争的方式减少或清除布尔什维克对苏联内外的控制"。② 但是，这份文件并未提出，如果发生战争的话，对苏联是否有"无条件投降的预定要求"，也没有预见占领苏联的必要性。这份文件在 1954 年以前是所有美国战争计划的一个序曲。

"柏林危机"后，美国军方也开始逐渐调整作战计划。NSC20/4 号文件提出，要想不通过战争的手段减少苏联的影响，就会使美国更加依赖威慑手段。1949 年，就如何使核武器成为可靠的威慑力量这个问题，杜鲁门政府内部展开激烈争论。争论的结果是，扩大战略空军司令部的

---

① Gregg Herken, *The Winning Weapon*, pp. 267-274.

② FRUS, 1948, Vol. Ⅰ, NSC20/4 "Note by the Exectutive Secretary on U. S Objectives With Respect to the USSR to Counter Soviet Threats to U. S. Security", pp. 662-669.

规模，并且进一步提高其效能。空军加快研制 B36 型洲际轰炸机，同时加快 B29 型与 B50 型轰炸机空中加油技术的开发与研制工作。在战略空军司令部内部，威廉·李梅将军通过提高各机组人员的士气，以及提高训练的逼真程度与难度，使其效率得到了提高。到年底，战略空军司令部有超过 120 个可以载核弹的飞机，包括 30 架改进的 B29 型和 B50型轰炸机，可以对 19 架改进的 B29 型加油飞机进行空中加油。6 颗原子弹准备完毕，时刻准备用于行动，还有 7 颗正在装备。①

针对核武器的打击目标，战略空军司令部还对其进行分级。主要的目标城市是工业集中地以及政府控制中心，第二级目标包括石油工业、运输网络、电力工业。空军参谋长霍伊特·S. 范登堡在向参谋长联席会议描述这些目标时说："采取成功的行动，将会迫使苏联投降，并且会破坏他们的整体进攻能力。"② 1949 年，美国又批准了一个"扣球计划"（Drop-shot），这是一个更详尽的作战计划。该计划主要强调使用核武器打击苏联以城市为基地的工业目标，特别是石油与电力工业目标。军事计划人员相信，在一场全面战争中，西欧是无法保卫的。因此，美国不得不依赖英国在中东的基地，以及美国在日本的基地，使用空中打击来击败苏联。非核空军和地面部队的任务是，保护空军基地和中东的石油资源。但是，执行这些战争计划将会遇到巨大困难，那就是计划人员所需要的原子弹数量，比其能得到的核武器和飞机数量多出一

---

① SAC Aircraft Status and Projection, Jan. 18, 1949, Exhibit 194, Strategic Air Command History, 1949, Vol. Ⅶ: Supporting Documents（Simpson Historical Research Center）; JCS 1745/18, Dec. 2, 1948, CCS 471. 6（8-15-45）, section 13, Papers of the United States Joint Chiefs of Staff.

② JCS 1952/1, Dec. 21, 1948, in CCS 373（10-23-48）, section 1, Papers of the United States Joint Chiefs of Staff. See also JCS 2057, Aug. 25, 1949, and JCS 2057/1, Nov. 4, 1949, in CCS 381（12-1-47）, section 1, ibid.

倍。此外，参谋长联席会议还认为，由于空军不具备洲际打击的航程能力，要执行这些计划，战略空军司令部就必须拥有海外基地。

在扩大军备的基础上，空军制订了更大规模进攻的计划。到 1948 年秋，许多空军计划者认为，对于实现胜利来说，实施原子空中打击可谓绰绰有余。威廉·李梅将军设计了"战略空军紧急战争计划（1949）"，要求战略空军司令部"在单次大规模进攻中，能够运输整个原子武器库"。后来与参谋长联席会议的目标要求相结合，战略空军司令部计划在 30 天内，用 133 颗原子弹打击 70 个苏联的目标城市。[①]

二、NSC68 号文件中的核军事战略

美国对国外原子武器的评估有两处失误，即高估了第三帝国的核能力，同时低估了苏联的核能力。前者让美国在第二次世界大战结束后一段时间内独享原子霸权，后者则让这种霸权仅仅维持了 4 年零 1 个月。杜鲁门对于苏联建造原子弹的估计过于乐观，他认定苏联短时间内研制不出原子弹，安全局势不会进一步恶化。而格罗夫斯仅次于他，他也认定即使苏联科学家克服了自然科学方面的障碍，苏联的工业也生产不出制造原子武器所需的原料。1949 年 7 月，艾奇逊在一次会议上对一些政府高级官员和国会议员说：根据情报估计，苏联将在 1951 年中期制成原子弹。然而，大家认为这个估计言过其实。[②]

1949 年 8 月 29 日，苏联在西伯利亚北部某个地方进行了首次原子弹试验。9 月 19 日，特别委员会向杜鲁门报告了分析结果，杜鲁门仍

---

① Thomas S. Power to chief of staff, U. S. Air Force, April 1, 1950, OPD 381 SAC (23 March 1949), TS, section 2, Papers of the Chief of Staff of the Air Force.

② 约翰·纽豪斯：《核时代的战争与和平》，军事科学院外国军事研究部译，军事科学出版社，1989 年，第 127 页。

半信半疑。他对利连撒尔说，他还不能肯定"俄国人是不是真的拥有了原子弹"。利连撒尔向他保证，那确实是颗原子弹。1949 年 9 月 23 日，杜鲁门向全世界宣布："我们所获得的证据表明，在过去的几个星期中，苏联进行了一次原子爆炸。"① 苏联成功试爆原子弹，打破了美国的核垄断，导致了美国核安全政策不得不进行调整。

1949 年 9 月，苏联原子弹爆炸成功的消息，对美国来说无异于晴空霹雳，美国一直认为其核垄断可以维持一个时代。利连撒尔在其日记中曾写道："苏联的炸弹彻底改变了形势。"② 杜鲁门开始并不愿相信，苏联已经真的测试了一颗核弹。格罗夫斯也认为，那只是一个事故，或者只是一个样本弹测试，而且已经耗尽了苏联的铀资源，苏联无法再重复爆炸。但是当这次核爆炸变得清晰后，美国便很快做出了战略调整。在苏联试验被披露于世 3 个月后，杜鲁门批准了一项联合国家防御研究，这项研究的结果就是推出国家安全委员会第 68 号文件（NSC68），该文件成为重新武装美国的冷战蓝图。

1950 年 4 月，美国国务院政策设计委员会主任保罗·尼采提交了 NSC68 号文件。这个文件评估了战后美国基本的国家安全需要，文件描述了苏联的威胁。而这种对苏联威胁的认识，建立在对苏联力量过高估计的基础上。NSC68 号文件认为，苏联的目标是征服世界，其对欧洲和亚洲的非共产党国家产生了持续性压力。苏联积累了大量的军事能力并"远远超过防守国家领土的需要"。也就是苏联"正在发展军事能力以

① FRUS, 1949, Vol. Ⅰ, The Acting Secretary of State to All Diplomatic and Consular Of-fices, p. 540.

② Gregg Herken, "A Most Deadly Illusion": The Atomic Secret and American Nuclear Weap-ons Policy, 1945—1950, *Pacific Historical Review*, Vol. 29, No. 1 (Feb., 1980), pp. 51-76.

支持其统治世界的蓝图"。① 在核力量方面，NSC68 号文件认为，苏联核力量的规模到 1954 年会实现最大化，足够摧毁美国。而对于西方国家来说，核武器仍然是主要的军事资产，西方仍然需要继续依赖核能力，但是也要发展常规武装力量。NSC68 号文件将核武器当作一种报复性力量，"只有在苏联首先利用原子袭击时，我们进行报复或者是我们没有其他选择实现我们目标的时候"才能使用。② 考虑到要在竞争中增强美国的军事能力，NSC68 号文件建议，美国要发展热核武器。值得注意的是，NSC68 号文件是在苏联核试验成功后美国官方提出的第一个国家安全战略文件。在这个文件中，虽然没有否认美国要继续发展核武器，利用核武器力量对苏联进行威慑，但是也指出，美国要减少对核武器的依赖，要尽快发展常规军事力量。此举标志着在美国核武器垄断结束后，美国军事战略发生转向，从对核武器的绝对依赖，到开始重新意识到常规军事力量的重要性。

NSC68 号文件的策划者是时任国务卿艾奇逊和保罗·尼采，他们想利用这个文件，呼吁政府放弃在防御事务上的财政保守主义。艾奇逊认为，美国无法长期维持其核优势，氢弹只是简单地延长美国的核战略优势时间。用尼采的话说："艾奇逊的观点是这样的，随着时间的流逝，苏联一定会缩小美国在核领域的技术优势。美国的核优势将会越来越小。因此，美国及其盟友应该强调恢复常规军事的平衡。"③ 艾奇逊想

---

① FRUS, 1950, Vol. I, NSC68 "A Report to the National Security Council by the Executive Secretary on United States Objectives and Programs for National Security", pp. 234–292.

② FRUS, 1950, Vol. I, NSC68 "A Report to the National Security Council by the Executive Secretary on United States Objectives and Programs for National Security", p. 268.

③ Paul H. Nitze, "The Relationship of Strategic and Theater Nuclear Forces", International Security 2 (Fall 1977), pp. 124–125.

阻止杜鲁门现行的防御政策，因为该政策强调节俭财政预算，增强单向防御，会让美国更加依赖核武器。艾奇逊的观点也在海军内部得到某些人的支持，这些人反对战略轰炸理论，怀疑核武器军事用途及其道德性。但放弃财政上的保守主义，就意味着军费开支大幅增长。虽然NSC68 号文件没有详细的花费估计，但是尼采和其他人估计：美国每年的国防花费要达到 350 亿~500 亿美元。① 因此，在 NSC68 号文件刚刚提出之时，杜鲁门并没有立刻批准。

三、朝鲜战争与核军事战略调整

1950 年 6 月 25 日，朝鲜战争爆发，这似乎证实了尼采和艾奇逊在 NSC68 号文件中提出的有关苏联威胁的观点，同时也让美国加强常规军事力量、扩大军费开支变得紧迫起来。杜鲁门开始放弃保守主义的财政政策，增加军事开支，重整军备。

第一，不断增加军费支出。1950 年 7 月，杜鲁门签署 1950—1951 财政年度的 12 亿美元的军事援助贷款；9 月，杜鲁门签署了 40 亿美元的附加拨款。9 月 6 日，杜鲁门签署了原来 146 亿美元的国防拨款，27 日又增加了 126 亿美元。② 当杜鲁门提交 1951 财政年度的第四次追加预算申请时，他说明了其双重目的："这些项目的目标有两个：一是为了应付朝鲜当前局势的急需；二是为了按部就班地尽早加强我们的武装力量建设，以威慑今后的侵略行为。"1951 年美国的财政国防预算是 224 亿美元，紧接下来的两年分别是 439 亿美元和 503 亿美元。直到 9

---

① Hammond, "NSC-68: Prologue to Rearmament", p. 321.
② 迪安·艾奇逊：《艾奇逊回忆录》，上海译文出版社，1978 年，第 290 页。

月底，杜鲁门在 NSC68 号文件上签字，并且作为"今后 4—5 年的政策声明"。① 伴随着军费支出不断增多，战略物资采购也从 1946—1950 年的 10 亿美元，增加到 1950—1953 年的 70 亿美元。根据 1950 年 9 月《国防生产法》的规定，如果根据正常合同程序不能满足军事需要，总统有权根据军事需要来安排工业生产。1952 年 1 月，杜鲁门第三次批准了增加生产裂变材料，在钚制造上要增加 50%，在铀 235 的制造上要增加 150%。政府为矿产开发提供补助，促使美国和加拿大生产了大量可制造武器的裂变材料。

第二，从 1950 年 12 月起，着手建立国家防空体系。NSC68-4 号文件设立了一个分阶段的军队建设目标，即到 1952 年 6 月，美国将建立平衡的武装力量。在接下来的预算协商中，空军部长芬勒特以及参谋长范登堡认为，只有空军才能对核武器进行投递，因此只有发展足够的运输能力，才能让不断扩大的核武器库变得有效。随后，参谋长联席会议建议，政府应优先发展空军和战略空军司令部，建立国家防空体系，以此对付苏联轰炸机的威胁。因此，在此次重整军队的计划中，战略空军司令部因为其地位重要，所得收益最大。空军所得拨款 206 亿美元，比陆军和海军多出 1/3。1951 年，空军成立了防空司令部，负责建立一个由截击机、高射炮、防空导弹和雷达预警系统组成的统一防空系统。1952 年，杜鲁门又命令空军建立一条横跨北美大陆北端的远程预警雷达线，保卫战略空军司令部的基地免遭敌军的第一次武装打击。

第三，制订中长期的战略计划。在朝鲜战争期间，参谋长联席会议不仅强调紧急的战争计划，也努力使中长期计划制度化。1952 年夏，

---

① Samuel R. Williamson, JR. and Steven L. Rearden, *The Origins of U. S. Nuclear Strategy*: 1945—1953, p. 133.

参谋长联席会议创立了"新家庭战争"计划,其内容包括:联合战略能力计划,旨在控制美国的现役部队在战时的行动;联合战略目标计划,建立了未来3到5年的武装和动员要求;联合长期战略评估,预测了5年或更长时间的研究和发展方针。这些计划每年都要完善,但是后两者经常因为军种之间的争论,以及更为不规则情况而被延迟。在20世纪50年代,联合战略目标计划变得更像一个"愿望单",而不像对现实要求的评估。但是这三者的努力为20世纪70年代的组织战略计划提供了永久的框架。①

第四,进一步加强常规军事力量。在NSC68号文件的指导下,杜鲁门在其任期内又通过了两个法案,以加强美国的常规军事力量。1951年,通过《普遍军训与服役法》,重新确立了普遍强制性义务兵役制度,决定将现役期增加到两年,并将年满18周岁的公民也列入兵役范围。1952年,通过《武装部队预备役法》。杜鲁门设想,如果核武器威慑失灵,那么同苏联进行的战争,将会是一场持久战,核武器也可能会引发战争,但却不能结束这场战争,因此常规军事力量也是必需的。

第二节 核军备建设的发展

一、原子弹生产与储备

(一)第二次世界大战结束后美国军队复原以及原子弹发展停滞

第二次世界大战结束后,美国国内政治的重点转向稳定经济,削减

---

① JCS 1953/11, 28 May 1952, CCS 373 (10-23-48) section 7, JCS.

与平衡联邦预算，平息民主党与共和党之间的激烈竞争。1945 年 9 月，杜鲁门给国会提交备忘录，表达了其对战争结束后美国政策的看法，即结束战时短缺，努力利用战争带来的制造业繁荣，提高国内人民的生活水平，偿还巨额战争债务。实际上，在美军对广岛投掷原子弹后的一个星期，杜鲁门就做出承诺，在 12～18 个月内复原 550 万名军人。在这个承诺做出后不到 8 个月，有 700 万名军人复原。到 1946 年 6 月，军中人数稳定在和平时期的水平，大概 300 万人。早在 1945 年 10 月，参谋长联席会议曾对这个巨大的军人复原浪潮做出如下评价："6 个月前，美国是世界历史上最伟大的军事国家，不夸张地说，现在美国公众对军事力量的最主要的兴趣在于，将其缩小到一个最小值。"① 复原军人的具体数量如下表所示：

第二次世界大战后美国军队人员减少②

军种 \ 年份与人数	1945 年人数（名）	1948 年人数（名）
陆军	8266373③	530000
海军	3380817	419347
海军陆战队	474680	84988

如此大规模复原军队，并没有遭到军方的强烈反对，最有力的一个论证就是：原子弹让常规陆军和海军变得不必要。在大众眼中，这个论据是确定的。在第二次世界大战结束后的日子里，报纸和杂志都是这么

---

① Gregg Herken, *The Winning Weapon*, p. 214.

② Raymond P. Ojserkis, *Beginnings of the Cold War Arms Race： The Truman Administratio and the U. S. Arms Build-up*, Westport, Connecticut, 2003, p. 7.

③ 1945 年的陆军数目包含 220 万个在陆军航空队的人员，在 1947 年美国空军成立的时候这些人变成了一支独立的部队。

评价的。在 1945 年 9 月《航空新闻》的一篇文章中，作者写道："因为原子弹，士兵和战舰被完全废弃。"下一个革命性的武器，将是"V-2 型号的火箭载着原子弹"。拥有了这样的武器，战争可能在一夜间就结束了。①

但是，在美国人眼中，即使拥有了可以在"一夜间结束战争"的原子弹，当时的情况也并不乐观。实际上 1946 年，不管在核武器装备上还是在运输能力上，美国都十分薄弱。从运输装备上说，当时美国只有 27 架 B29 型轰炸机，所有这些飞机都隶属于第 509 轰炸小组，该小组位于新墨西哥州的罗斯维尔空军基地。到 1948 年，战略空军虽然拥有 B29 型轰炸机，以及该机的战后改进型 B50 型轰炸机，拥有约 50 个受过训练的机组和装备精良的飞机，但是投掷核武器的能力却十分薄弱。当新任的战略空军司令柯蒂斯·李梅（Cartis Emerson Lemay）将军对这支部队进行检查时，没有一个机组能在近似实战的条件下使核武器命中目标。

从原子弹的数量看，战后美国的经济化政策和军队的整编，使"曼哈顿计划"的巨大效果前功尽弃。本来最迟至 1949 年，美国就可以组装出 200 颗原子弹，但是直到 1948 年，空军才有一个组装可投掷原子弹的专门队伍。曾有一段时间，美国所有的武器库中的核炸弹都没有安装，并且需要 24 个人花费两天时间准备一个可以应用于战斗的炸弹。②

1946—1947 年，美国处于低水平核准备状态，这与"曼哈顿工程"停止运转时期美国核武器工厂生产停滞、洛斯·阿拉莫斯实验室复原

---

① Gregg Herken, *The Winning Weapon*, p. 215.
② JCS 1745/5, Dec. 8, 1947, CCS 471.6（8-15-45）, section 8, JCS.

等，有着密切关系。U235 是在广岛爆炸的枪式核武器的主要燃料，其产量在战后逐渐减少，因为战后"有效核经济"约束，橡树岭、田纳西粗犷式的处理设备，已经为少数更有效的工厂所取代。而在长崎爆炸的"内爆炸弹"，其主要燃料是钚，虽然有着很高的优先生产权，但产量也在减少。第二次世界大战后，汉福德的 3 个钚生产堆都遇到严重的技术问题。1946 年年初，最老的反应堆已经停止工作，其他 2 个也减慢生产，以防止最终无法操作。1947 年 1 月，当军队将"曼哈顿工程"区域的控制权交给原子能委员会控制时，钚生产率只是"战时效率的一小部分"。①

洛斯·阿拉莫斯科学实验室的整体复原，让核武器生产的停滞状态更加严重。实验室主要负责将裂变物质塑造成为核武器，并且要研究更为高级的武器设计。战争结束后，大量科学家回归学校或者企业，留在实验室的科学家和技术人员对实验室的未来并不清楚，他们只负责提供关于核武器的技术建议，并且准备 2 个核炸弹，以便在 1946 年 7 月于比基尼岛礁海军舰船上进行爆炸试验。而比基尼岛礁的试验，只提供了 1 个武器效果数据，他们仍然使用"标记Ⅲ型"（Mark Ⅲ）、"内向爆破装置"，对武器技术的改革几乎没什么贡献。直到 1947 年 6 月，新的"标记Ⅳ型"（Mark Ⅳ）"内向爆破装置"被研发出来，它采用了更有效地利用钚和 U235 新核内爆核心。1948 年春，在埃尼威托克岛的砂岩系列试验时，美国出现了采用新技术的核武器。② 从 1946 年到 1948 年生产的核武器，全部都是"标记Ⅲ型"（Mark Ⅲ）、"胖子（Fat

---

① Richard G. Hewlett and Oscar E. Anderson, *A History of the United States Atomic Energy Commission*, Vol. I, pp. 624-633, 641-642.

② Richard G. Hewlett and Oscar E. Anderson, *A History of the United States Atomic Energy Commission*, Vol. I, pp. 631-632.

Man)" 钚内爆炸弹，因此被认为是"实验室武器"。①

除了在管理和技术上存在问题外，美国的核武器生产还缺乏高层政策指导。1945—1946年间，杜鲁门除了努力建立原子能委员会外，还推动"巴鲁克计划"，试图在联合国内实现武器控制，因此并未对原子能事务投入多少注意力。1947年4月，前杜鲁门甚至没有被告知现存的武器库规模。《1946年原子能法》出台，让军队在原子弹方面的角色更不明显，因此他们也没有及时制定出原子弹的生产目标。直到1947年2月，参谋长联席会议最终通知陆军部和海军部，原子弹的供应，"不足以满足美国的安全需要"，并且命令联合战略调查委员会准备"对军事裂变材料的长期需求进行估计"。8个月后，这项报告宣告完成。在联合战略调查委员会提出建议的基础上，参谋长联席会议通知原子能委员会主席，"军队要求有400颗破坏力量与长崎类型相同的原子弹"。② 只有拥有这样的武器库，才能够遏制任何有大量核武器以及空军作战能力的敌国对美国发动大规模袭击。③ 参谋长联席会议要求400颗炸弹在1953年1月完全准备好。④

（二）恢复发展原子弹

1947年3月，原子能委员会一般咨询委员会对原子能以往发展做出回顾，并且提交了他们的第一份报告，这份报告谈到了美国原子能项目的技术地位。科学家认为，国家的原子武器项目正处于一个很糟糕的阶段，面临重大危机。洛斯·阿拉莫斯需要重新复活，原子能委员会的

---

① JCS 1745/18, Dec. 2, 1948, CCS 471.6 (8-15-45), section 13, JCS.

② Leahy to chairman, Atomic Energy Commission, Oct. 29, 1947, CCS 471.6 (8-15-45), section 7, JCS.

③ Decision on JCS 1745/7, Dec. 17, 1947, CCS 471.6 (8-15-45), section 8, JCS.

④ JCS 1745/5, Dec. 8, 1947; CCS 471.6 (8-15-451), section 8, JCS.

军事应用部门以及军事联络委员会的管辖权应该得到明确定义，裂变物质的制造应该增加，氢弹和热核超级炸弹应该做更加彻底的探索，更多的装配小组需要训练。最为重要的是，美国应该重新开始制造原子弹。由此可见，到 1947 年，美国的核武器计划开始进入一个转折期。

1947 年 4 月，国会考虑向希腊和土耳其提供援助。杜鲁门得知，美国手中没有现成的原子弹，战略空军司令部可能根本无法打击其目标。为此，原子能委员会提交了首个官方存货单，展示了武器的库存量，只有一半的武器可以操作，这个消息对杜鲁门来说不啻一种刺激。面对这样的情况，原子能委员会的意见是，如果想要提高原子武器设计的话，展开新一轮的核试验可谓势在必行，杜鲁门同意了原子能委员会的意见。6 月 27 日，白宫会议讨论了展开核试验的时间和地点。国务卿马歇尔不想让任何事情干扰 11 月即将到来的外长会议，因此建议将核试验推迟到 1948 年年初，这一建议得到大家一致同意。在展开核试验的地址上，马歇尔和陆军部长帕特森支持在美国本土进行核试验。利连撒尔和参谋长联席会议主席艾森豪威尔，则赞成在遥远的太平洋地区进行核试验，最后，白宫会议决定在太平洋进行试验，所有人都赞成对核试验保密，并且不进行任何前期宣传。

原子能委员会关于武器制造的决定，与参谋长联席会议提出的核武器数量要求是吻合的，这个结果是军队关于未来美国核武器规模和存量的第一个真正的决定。但是在达到这个契合点的过程中，各军种参谋长在如何并且让谁拥有核炸弹方面产生了分歧。尽管海军最初态度激烈，但最终还是勉强同意空军的提议，核武器应该被纳入美国战争计划中。对于这一决定，福雷斯特尔、帕特森和参谋长联席会议一致同意于 1947 年 7 月 10 日提交，直到深秋，这一决定才提交至原子能委员会，

1948 年 1 月，该决定被稍微修改。在他们年复一年的陈述中，参谋长联席会议指出，美国需要更多的传输工具，并且至 1953 年 1 月 1 日，需要 400 颗"长崎式内向破裂炸弹"。简单来说，在使用原子弹的问题上，出现了军种之间的竞争。

1947 年美国核武器数量极少的另一个重要原因就是很难获得武器级别的铀和钚原料，但是这个问题在 1948 年 1 月得到解决，当时，英国同意补充美国的铀存量。由此，美国核武器的原料支持也得到了保证。

1948 年春，砂岩原子武器展开系列试验，催生了更有效利用裂变物质的方法，这使美国核武器数量大规模增长成为可能。在此后两年，在这些方法的作用下，美国核武库规模的增长非常可观；到 1950 年 6 月，美国已拥有 300 颗原子弹。① 1949 年，五角大楼在其一份报告中提出，空军如果只有几百颗原子弹的话，还不能有效威慑苏联在中东和欧洲发动进攻。因此，该报告敦促参谋长联席会议提出要求，实现原子弹生产的实际增长。但是，利连撒尔认为，此项要求更多的是一种军事上的希望，并非战略上所需。

第二次世界大战后，杜鲁门一直致力于普遍军训，试图平衡美国的军事力量，建立具有同等功能的陆海空力量，但是杜鲁门并不想真正扩大军事规模。伴随着军人大批复原，军队预算也不断削减。从 1945 年的 816 亿美元，减少到 1946 年的 447 亿美元，至 1947 年，已经减少到 131 亿美元。到 1948 年，美国军队的人数是"珍珠港事件"爆发时的一半。从 1945 年 2 月到 1948 年间，海军航空母舰从 90 艘减少到 11 艘。

---

① Ronald E. Powaski, *March to Armageddon: The Unite States and the Nuclear Arms Race*, 1939 *to the Present*, Oxford University Press, N. Y., 1987, p. 52.

从第二次世界大战结束到 1948 年年初，空军从 218 个分队减少到 38 个分队。然而，由于美国缺乏常规军事力量，因此影响到杜鲁门政府想要担负的政治责任。1946 年 3 月，美国国务卿贝尔纳斯曾提出，美国军队过于虚弱，无法承担重大任务。

在这样的情况下，杜鲁门依然坚持保守的财政政策。1948 年 1 月 12 日，杜鲁门政府向国会提交了 1949 年度财政预算，他估计国防支出有 110 亿美元，国际支出（包括对外援助）70 亿美元。只是原子能委员会的预算从 1948 年 4.56 亿美元增加到 1949 年 6.6 亿美元。整体的国家安全预算需要花费 186 亿美元，整体支出达 396 亿美元。[①] 陆军将保持 11 个常规师，海军保持 227 艘主力战斗舰艇，包括 11 艘"埃塞克斯级"和"中途岛级"重型轰炸航母。空军则从 48 个编队扩大到 55 个编队，但是不会增加新预算支出。这一预算的目的是，以灵活的军事力量做后盾，实现国内经济和安全需要之间的平衡，同时还要达到经济遏制和政治遏制的目的。但在表面强壮和稳定的背后，却是军队建设逐渐下滑，频繁遭遇国际冲突却捉襟见肘，这些应对冲突的行动，都是总统预算中所未曾预料的。核武器的出现，加剧了美国军队军种之间对承担军事任务的竞争，每个军种都要求承担更多的军事任务，各军种都想建立一支多能化部队，既能打核战争，又能应付传统的短期作战任务，或进行战争总动员。然而，杜鲁门政府缩减军费，导致各个军种只能维持一个骨干框架，各部队经费不足，各种研究与发展计划动力不足，由此引发了许多矛盾。

1948 年 2 月 28 日，福雷斯特尔向杜鲁门提交了一份私人评估报告。

---

① Samuel R. Williamson, Steven L. Rearden, *The Origins of U. S. Nuclear Strategy*: 1945—1953, p. 78.

他回顾了美国主要的防御空缺，包括军队缺乏人力，缺少各军种联合的紧急战争计划，国家需要新设备，以代替即将过时的第二次世界大战时期的设备与材料。福雷斯特尔同时指出，B52 型洲际轰炸机发展缓慢，国家拥有可实用的远程导弹，还要走很长的路。福雷斯特尔警告说，在可见的未来，几乎没有可能削减防御支出。福雷斯特尔的话，对于杜鲁门来说再清楚不过了，即不管其喜不喜欢，"盘点"的时间到了。在警告杜鲁门即将到来的上述困难后，福雷斯特尔又在参谋长联席会议中做了进一步尝试，以解决不同军种间的分歧，尤其是在服役角色和军事任务上存在的问题。3 月 13 日，福雷斯特尔回到华盛顿，带回了各军种参谋长的一致建议，即应该寻求恢复义务兵役制，将原子弹移交给军队托管，让国会补充防御拨款。福雷斯特尔提出，美国应展开普遍军训，要有 35 万人为武装部队服务。为了在陆、海、空三军之间达成某种平衡，需要为空军进行新的飞机采购，对 1949 年的财政预算要追加 30 亿美元。除了普遍军训，国会批准了所有的要求，包括拨款 8.22 亿美元用于飞机采购。[①]

在 1948 年 5 月 13 日召开的白宫会议上，杜鲁门想要继续削减防御预算，使 1950 年的防御预算为 150 亿美元，其中包括用于采购主要材料而存储的 6 亿美元。很明显，杜鲁门已经决定，用逐步建立平衡的军事方法，来遏制苏联以及东欧国家的扩张。为此，杜鲁门决定冻结防御预算，他在 6 月 3 日告诉福雷斯特尔："有必要加强我们的国家防御项目，用一个平稳的速度而并非尝试着快速增加。"他补充道："我希望你的办公室能提供一个必要的方向，确保军事项目用这种方式发展，设

---

① Edward A. Kolodziej, *The Uncommon Defense and Congress*：1945—1963, Ohio State University Press, 1966, pp. 74-81.

置的目标和限制都能得到实现。"①

面对总统的指令，福雷斯特尔认为需要增加军费。他面对的不仅仅是预算的问题，还有参谋长联席会议的纷争，以及各军种之间的资源分配问题，海军和空军都为了更多资源而纷争不已。最终，福雷斯特尔认定，150 亿美元的军费远远不能维持开支，增长军费是仅有的现实的选择，因为此举既能够确保国家安全，也能够保证军种间的和谐。福雷斯特尔后来又写了两份财政预算，于 12 月 1 日交给了杜鲁门。一份是 144 亿美元，另一份是 169 亿美元，在第二份预算中，福雷斯特尔特别强调，这一预算将有利于国家安全需要。但是，在杜鲁门看来，做出选择将非常简单。杜鲁门甚至直言："我不知道他为什么要写两个，144 亿的预算就是我们要采用的。"②

从福雷斯特尔的观点看，杜鲁门的决定，如果以 150 亿美元预算作为上限的话，就会让国家不可避免地依赖于战略空军力量以及核武器。作为候选方案，他在 12 月 20 日谒见杜鲁门的时候，要求将 5.8 亿美元用于空军，支持建立另外 6 个轰炸小组。福雷斯特尔提出："空军为苏联进攻提供最为有效的阻止。它的报复性威胁会制止苏联的进攻。"③在打破财政上限方面，战术概念上的争论，永远不会比威胁评估更有效。在当时情况下，在所有战略政策中，保守的财政政策在逻辑上就更为清晰，依赖战略核武器，成为美国防御战略及其实践中最主要的内容。而在已经得到批准的 NSC30 号文件之后，即使杜鲁门同意增加

① Samuel R. Williamson, Steven L. Rearden, *The Origins of U. S. Nuclear Strategy*：1945—1953, p. 84.

② Samuel R. Williamson, Steven L. Rearden, *The Origins of U. S. Nuclear Strategy*：1945—1953, p. 84.

③ Ibid.

1950 年的财政预算，美国的防御政策也不会有很大不同。因为该文件已经确定，原子弹成为对苏联政策和战争行动计划的一部分。它首先是遏制力量，如果遏制失败，它就会较早用于对苏联发动进攻。如果发生面对面的苏美斗争，美国的地面部队不足以对抗苏联军队的进攻，美国的核优势就会变得至关重要。实际上，当时，"大规模报复"的轮廓已经若隐若现。

这一时期，美国将原子弹纳入国家军事战略的核心位置。参谋长联席会议在 1946 年制订的过渡性作战计划——"蝎钳计划"中写道，原子弹会作为"反对苏联的主要的初始努力"，发挥其战略空中进攻的主要优势。①虽然该计划并没有详细列出原子武器会用来攻击哪些目标，以及如何使用这些武器，但是这一战略确定了美国在此后战争中不会排除使用核武器的可能性。1947 年，参谋长联席会议制订"烤肉计划"，确立了空中核打击在整个军事战略中的绝对中心地位。1948 年 2 月，捷克斯洛伐克危机爆发后，参谋长联席会议制订"抢夺者计划"，该计划旨在对危机做出快速反应。此后，参谋长联席会议制订的"半月计划"等，甚至详细列出对苏联发动攻击的城市目标，上述内容标志着美国对于如何在战争中使用原子弹问题的考虑，变得越来越细致化。"柏林危机"爆发后，NSC30 号文件首次将核战略写入美国的国家安全战略，并且确定了危机发生可以使用原子弹的政策，进一步巩固了原子弹在维护国家安全方面的绝对核心地位。

在核军备发展中，原子能委员会成立以前，由于战后军事开支快速削减，洛斯·阿拉莫斯实验室大批工作人员复员，核武器发展陷入停滞状态。原子能委员会成立后，对于美国原子弹生产情况做了摸底调查，

① JWPC 432/7, June 18, 1946, in CCS 381 U. S. S. R., section 2, JCS.

发现美国的原子弹少得可怜，无法应对突发状况，因此决定重新规划核武器的发展。随着洛斯·阿拉莫斯实验室恢复工作，原子武器的内核技术取得突破，原子弹的大规模制造成为可能，核军备逐渐恢复。由于美国一直奉行保守的军事预算，军队不得不将有限的资金投入最有效的军备发展中，因此跟核武器有关的战略空军得到了突飞猛进的发展，但是这也使美国在军事上越来越依赖核轰炸。

苏联成功试爆核弹，一方面让美国以垄断原子武器这一优势为基础的战略理论失去了活力与生机，另一方面又促使美国一头扎进核战略。美国没有放弃对核武器的依赖，而是下了更大的赌注，不仅要进一步研制氢弹，而且还要更大规模扩大原子弹的生产。

杜鲁门首先建立了一个由国务卿、国防部长和原子能委员会主席组成的国家安全委员会特别原子能委员会，考虑新的生产设备需要。杜鲁门想要这个小组集中探讨这样几个问题：现行的原子发展计划到1956年1月是否还可以使用；努力发展改进的原子弹以及在制导导弹领域的应用是否能获得更大安全；是否可以在国防花费的其他方面进行削减，这样就能允许原子能增加而又不增加任何预算。最后，杜鲁门又提出了两个要求：他不想要一个技术报告，整个研究必须将人数控制在最低程度。①

特别委员会在所提交的最终报告中认为，1948年，美国在砂岩试验中所取得的技术突破让更有效的使用原材料成为可能，同时在国际原子控制失败，都迫使美国扩大原子弹生产。参谋长联席会议也认为，美国在核武器方面若具有压倒性优势，可以持续阻止战争爆发。空军参谋

①　Marc Trachtenberg，" A ' Wasting Asset'：American Strategy and the Shifting Nuclear Balance，1949—1954"，*International Security* 13（Winter 1988/89）：11-17.

长范登堡将军告诉总统："苏联有 5000～6000 个目标，一旦发生战争，需要马上对其予以毁灭。"① 这一战争计划客观上要求美国扩大其核武库。报告最后建议，加速制造核武器，而且新的开销"不会损失其他国防项目领域"，为此，杜鲁门批准了这个建议。1950 年 1 月，原子能委员会得到授权，可以使用 2 亿美元，用来增加生产。1952 年 1 月 16 日，杜鲁门在与顾问见面时，再次讨论了扩大核武器生产基地等问题。为了生产更多核武器，需要建造新的气体扩散工厂，以及新的钚制造反应堆。大量新工厂需要增加美国核武器库存量，从 1952 年的 1000 个增长到 1960 年的 20000 个，使 1966 年达到 32000 个成为可能。②

1951 年，美国在埃尼威托克进行了代号为"温室行动"的两次小型热核武器试验；第二年，美国又进行了代号为"温室行动"和"常春藤行动"的两次试验。这两次试验表明，美国可以一方面增加核武器的数量和当量，另一方面缩小核武器的尺寸。国防部长洛维特认为，新的核技术能够让核武器在未来战争中派上用场。新式核武器可以有选择性，并且能够更灵活地轰炸敌人的主要目标。范登堡将军也认为，美国必须是第一个拥有核战术的国家，也是可以将核武器应用于战争的国家。因为，如果美国和苏联每一方都有可以用于打击另一方的核武器，每个国家的核打击力量就会被抵消。在这种平衡到来之时，关键性的优势在于，哪一个国家能够更好地在战术上使用核武器。以上种种表明，美国已经开始着手制造战术层面的核武器。

在大力发展原子武器的同时，美国也在发展空中运输工具。美国战

---

① James E. Goodby, *At the borderline of Armageddon*: *How American Presidents Managed the Atomic Bomb*, Rowman&Littlefield Publishers, inc, 2006, p. 16.

② James E. Goodby, *At the borderline of Armageddon*: *How American Presidents Managed the Atomic Bomb*, p. 16.

略空军的中坚力量是航程为 4000 英里的 B29 型轰炸机，以及由此发展来的航程更远的 B50 型轰炸机。1949 年，新的中程轰炸机 B46 型投入使用，它比 B29 型和 B50 型轰炸机的速度更快，因此能更有效地突破防空体系。[1] 1949 年，就如何使核武器成为可靠的威慑力量这个问题，美国政府内部展开了激烈争论，最终的结果是，扩大战略空军司令部的规模，并且提高其效能。空军加快了 B36 型洲际轰炸机的发展，加快 B29 型与 B50 型轰炸机空中加油的研制工作。在战略空军司令部内部，威廉·李梅将军通过提高各机组人员的士气和加强训练的逼真程度与难度，使其效率得到了提高。[2]

　　1953 年，在杜鲁门离开白宫之时，美国已经搭建好其核战略框架，并且进入核力量充足时代。美国不仅强调在核能力上领先于苏联，并且分类制定了一系列核力量发展目标。战略空军司令部的重要性，在美国军事调整中不断凸显，他们在生产核武器、选择核打击目标方面，赢得越来越多的掌声。

二、氢弹与核军备深化

　　面对美国核垄断的结束，杜鲁门的首要选择就是发展更大规模的杀伤性武器——氢弹。实际上，布什和科南特在 1944 年就提出制造超级炸弹的可能性，只不过将其作为"为什么美国不能尝试实行垄断原子弹政策"的理由，因为这种武器原材料的供应在本质上有无限可能。在原子弹研发早期，敦促政府发展超级炸弹人士，是洛斯·阿拉莫斯的

---

[1]　劳伦斯·弗里德曼：《核战略的演变》，黄钟青译，中国社会科学出版社，1990 年，第 82 页。

[2]　阿伦·米利特、彼得·马斯洛斯金合著：《美国军事史》，军事科学院外国军事研究部译，军事科学出版社，1989 年，第 480 页。

物理学家爱德华·泰勒和厄内斯特·劳伦斯，两人的意见得到麦克马洪和里维斯·施特劳斯（原子能委员会成员）的大力支持。施特劳斯认为，发展氢弹在武器发展上将是一个巨大突破，可以重新建立美国的核霸权。麦克马洪当时是两院联合原子能委员会的主席（JCAE），他对杜鲁门决定制造氢弹的决策起了很大的作用。从 1949 年 9 月到 1950 年 1 月，麦克马洪使用不同的方式，建议杜鲁门制造氢弹，他不仅在 9 月底证明需要增加预算，加强核生产，还不断地向杜鲁门表明其担心："如果苏联得到了氢弹，这场灾难将会确定无疑，无论如何，如果我们先有氢弹，就有一线机会保护我们自己。"① 麦克马洪在氢弹上的坚决态度也得到了军队的支持。两年前，他曾经询问过军队原子弹是否足够，但是他仅仅得到了一个模棱两可的回答。1949 年 3 月 16 日，他终于得到这样的答复，军队没有足够的炸弹，也没有足够快的速度获得炸弹。就这一点来说，军队对于原子能项目短缺发出抗议，这已经是板上钉钉的事情。由此，在制造氢弹和原子弹的数量问题上，麦克马洪获得了一个机会，将国会大厦和五角大楼联合在一起，共同组成了一个工作联盟。

参谋长联席会议也十分强调氢弹的重要性，参谋长联席会议主席布莱德利在 1949 年 10 月 14 日致信委员会，表示军队绝对支持制造超级炸弹以及更多的原子武器。11 月 23 日，他们给约翰逊写信说："苏联拥有热核武器，但是美国没有，这是不能容忍的。"美国自身拥有氢弹，将"成为阻止战争的方式"。他们着重强调："美国不这样做，也不会允许这样的武器在其他地方发展。"在得到布莱德利的支持后，麦克马洪从此在说服杜鲁门制造氢弹这方面就拥有了一张王牌。

---

① Samuel R. Williamson, JR. and Steven L. Rearden, *The Origins of U. S. Nuclear Strategy*: 1945—1953, p. 111.

　　但是，制造热核武器的提议，遭到了原子能委员会中一般咨询委员会的反对。他们认为，这项花费的数量是未知的，这种武器只能用来毁灭人类，同时美国发展这种武器，也会激起其他国家采取同样的行动。奥本海默认为："研制氢弹的提议给人类带来极大的危险，其程度远远超过了发展氢弹造成的军事优势……如果氢弹被使用，其破坏力根本无法得到限制，那么氢弹很可能成为一种种族灭绝的武器。"① 利连撒尔的理由是，"持续将美国的战略依赖于超级炸弹"是一种自我欺骗，"如果我们一直宣称，我们想要进行国际控制，但我们又没有这么做，我们可能正在愚弄其他人"。②

　　11 月 25 日，施特劳斯在给总统的信中认为如果苏联已经利用自身的力量研制成功氢弹，美国的危险就会增加。他认为，"美国历史上的政策就是，不要让美国军队的装备不如其他国家"。③ 但是，他没有说明军队想要氢弹，既是出于攻击的考虑，也是出于防御的考虑。他希望杜鲁门不要考虑委员会的建议，而是全力开发热核武器。

　　1949 年，让美国感到震惊的，并不仅仅是苏联拥有了核弹，苏联的米格 15 喷气式战斗机，可能要比美国的任何对应机种更加高级。与此同时，共产党在中国内战中赢得了胜利，也让美国感到恐慌。这些都让杜鲁门不得不考虑苏联所构成的巨大威胁。原子能委员会的科学家只用新武器本身的危险以及道德问题，说明不建造热核武器的理由。但他们并没有说明，苏联可能会拥有这种武器，而这恰恰对政府的最终决策

---

① FRUS, 1949, Vol. I, Statement Appended to the Report of the General Advisory Committee, p. 571.

② Gregg Herken, *The Winning Weapon*, p. 315.

③ Samuel R. Williamson, JR. and Steven L. Rearden, *The Origins of U. S. Nuclear Strategy*: 1945—1953, p. 109.

是至关重要的。

杜鲁门从来没有怀疑过，保持一个强大的、最新的核武器库是第一位任务，至于核武器的长期影响以及有效的使用，尚在其次。对他来说，美国尽可能长时间维持核优势，这将是最重要的。1950 年 3 月，杜鲁门签署命令，宣布氢弹研究是最紧急的任务，他要求加强在这个领域的研究；与此同时，杜鲁门还指示原子能委员会，立即制订大量生产氢弹的计划。至此，发展氢弹成为一项官方政策。①

第三节　美国核安全体系的形成

从 1949 年 8 月苏联成功试爆原子弹，到 1952 年 11 月 1 日美国试爆成功第一颗氢弹，这一时期成为美国核安全体系的形成时期。这一阶段的特点是，苏联试爆原子弹，打破了美国的核垄断。从此，围绕原子武器的斗争，进入美苏对峙时期。针对这一形势的变化，美国核安全战略也有所变化，从以绝对保密方式维护核武器垄断，逐渐转向有限核保密，维护核优势。

首先，进一步完善核安全机制。1945—1949 年，美国核安全机制建立在美国核垄断的基础之上，目的是更好地管理原子能，维护核垄断。苏联拥有原子弹后，美国亟须解决的问题就是，如何让本土免受苏联原子弹的轰炸，确保国家安全。因此，在这一阶段，美国建立了联邦民防机制，作为核安全机制的重要补充，并且展开核民防训练。1950

---

① FRUS, 1950, Vol. I, Report by the Special Committee of the National Security Council to the President, p. 542.

年，美国颁布了《联邦民防法》，并且在该法律的指导下，成立联邦民防局。由此，美国确立了联邦—州—地方三级的民防活动系统。联邦政府为民防活动提供政策指导方针，州和地方政府具体负责民防训练。通过明晰各自的责任，美国三级互动的民防系统不断发展、健全。与此同时，军队也为民防提供辅助作用，在民防和军防之间建立紧密的联系，共同组成国家安全防御体系。另外，在联邦民防局的组织下，美国还进行了民防宣传活动、民防训练，并且建立了民防掩体。

在美国核垄断被打破后，美国为了维持其核优势，不得不继续寻求其他国家的帮助。但是由于《1946 年原子能法》严格保密，大大限制了美国在原子能发展方面的对外合作。1951 年 10 月，美国国会通过《1946 年原子能法》修正案，允许美国与其他盟国分享关于原子能的机密信息，这不仅拓宽了美国寻找原子材料的途径，更标志着美国开始放弃核保密政策。①

其次，继续加强核军备建设，全力发展热核武器。杜鲁门认为："既然我们不能实现国际管制，我们就必须保持在核武器上占据有强大的优势。"② 美国通过继续加强核武器发展、研制氢弹，进一步增加国家安全对核武器的依赖。到 1950 年 6 月，美国拥有 300 枚原子弹。③ 空军也加快了 B36 型洲际轰炸机的发展，加快可携带原子弹的 B29 型与 B50 型轰炸机空中加油的研制工作，海军也开始建造可装载携带原子弹的轰炸机的航空母舰。

朝鲜战争爆发，引发了美国国家安全战略的重大调整。朝鲜战争让

---

① U. S. Congressioanl Serial Set, 82ed Congress 1st Session, Amending the Atomic Energy Act of 1946, As Amended, Calendar No. 845.

② 麦乔治·邦迪：《美国核战略》，世界知识出版社，1991 年，第 481 页。

③ Rosenberg, *U. S. Nuclear Stockpile*, p. 72.

美国政府意识到，尽管美国在核武器方面较苏联有绝对优势，但在关键时刻，并不能把原子弹看作一种普通武器，而是当作需要小心对待的特殊武器，它似乎成了一种禁忌，终于没有人去使用它。[①] 这种状况使战后以来美国依赖核武器来维持国家安全的想法变得不切实际，美国开始步入发展常规武器的道路。与此同时，杜鲁门批准 NSC68 号文件，这也标志着战后美国国家安全战略首次转向，即由对核武器的绝对依赖，转向维持核优势，并同时发展常规武装力量。

最后，加强联盟，增建海外军事基地。在朝鲜战争爆发前，美国就通过北约对苏联实施遏制政策。在这一时期，北约军事战略的主要内容，就是依靠核打击，对苏联进行威慑，并且具体制定了 MC14、DC13 文件。朝鲜战争爆发后，美国扩大了在欧洲的派驻常规武装力量的规模，并且通过北约的里斯本会议，进一步确定"欧洲防务共同体"政策。为了解决轰炸机飞行距离短这一问题，美国战略空军司令部将其部队分散部署，大量增加海外基地，从而使美国进一步承担起前沿集体防御的责任。

在这一阶段，美国的核安全体系基本形成。其国内核安全管理机制框架基本完善；在国际上，美国抛弃了以绝对核保密方式来维护核安全的政策，开始与盟国部分分享核秘密，并且积极武装盟国，建立广泛的安全同盟，共同遏制苏联。

---

① 劳伦斯·弗里德曼：《核战略的演变》，黄钟青译，中国社会科学出版社，1990 年，第 91 页。

第五章　美国核安全体系的分析与总结

第一节　核安全体系建构动因分析

一、制约核安全体系发展的经济动因

在冷战开始后一直到 NSC68 号文件出台前，美国政府内部对于战略重点应该放在军事上还是经济上存在争议，主要有两种不同观点。一个是以国防部长福雷斯特尔为代表的军事优先派。该派认为，美国与苏联关系恶化，需要美国有强大的军事力量做支撑，并且需要为随时可能爆发的武装对抗做好准备。尽管没有必要重新实现全面武装，但是国家外交政策是否可行，必须依赖于美国军事力量是否靠得住。福雷斯特尔甚至认为，美国垄断核武器的优势与其他优势加在一起，就会为美国制造一个"充满机会的年景"。

另一个是以国务卿马歇尔方代表的经济优先派。该派并不怀疑苏联军事威胁真实存在，但是认为与欧洲的政治和社会的混乱相比，军事威

胁处于第二位。因为欧洲政治和社会的混乱，会给苏联提供入侵机会，也许这种入侵并不依赖于武力。经济优先派的目标是，恢复战争爆发前世界范围内各种力量处于平衡状态的样子，保证美国的传统安全。为此，马歇尔认为，美国工作的重点是恢复欧洲经济，并非支持军事建设。马歇尔还认为，美国人民最终会对美国过多涉及海外事务感到厌倦，他们会要求美国回到寻求准孤立主义的外交政策上，因此会反对大规模增加军费。

这两种观点及其争论，特别是第二次世界大战给美国带来巨大的债务、引发空前规模的通货膨胀，这些都迫使杜鲁门最终选择了马歇尔的想法，将战略重点转移到恢复经济上面。杜鲁门认定，重新武装的巨额开支，不仅会进一步增加国家的负担，而且会扼杀美国的经济。1947年，"马歇尔计划"出台，标志着美国在冷战中确立了其经济优先原则。杜鲁门在 1948 年年初告诉国会，"我们目前在做的最重要的努力，就是支持世界经济的重建"。美国将军费开支控制在较低的水平，这样就可以将经费集中用在欧洲复兴上。

在这样的大背景下，军方想要说服杜鲁门批准更多经费几乎是不可能的。不断减少国防开支，不仅会使军种间为争夺军费而展开激烈竞争，也会使军方不得不寻找其他方式来抵消其军事能力的缺陷。最终，他们认为，增加对核武器的依赖，实施战略轰炸将是唯一答案。从1945 年到 1950 年，美国的国家安全越来越依赖于核武器。正因此，美国才将有限的军费用于发展核武器及运输工具。此举促成这段时间核安全体系不断趋于完备。

二、核安全体系建构中的机制矛盾与斗争

在核安全体系的建构过程中，文职官员和军官在核武器控制权上存在竞争，军队内部三个军种对核武器的绝对使用权也存在竞争，这种竞争贯穿了杜鲁门政府执政的始终。在激烈的竞争中，总统不断平衡文官和军队对核武器控制权的争夺，同时战略空军在三军的竞争中最终胜出，在美国核军事安全体系中处于绝对优先地位。

在"曼哈顿工程"时期，美国就建立了文职官员和军官共管的管理制度。在"曼哈顿工程"中，文职官员主要是负责技术咨询，实际的工程管理还掌握在军队手中。这种状况在一定程度上保证了"曼哈顿工程"的安全，并且也让工程能够快速运行，符合战时的特殊情况。随着第二次世界大战结束，核武器管制需从战时的管理制度纳入国家的常规管理机制中。在《1946年原子能法》出台前，官员们就对由文官还是由军队管制原子能展开了激烈争论。杜鲁门坚持认为，文官控制原子能会更有利于核武器的安全使用，但是军队则坚持认为，军队是维护国家安全的主要力量，而核武器理应也由军队掌管。这场竞争还是以文官获胜而告终，最终出台的《1946年原子能法》，确立了文官控制原子能的核安全管理机制。但是作为一种妥协，政府也成立了军事联络机构，负责文武官员在原子能方面的沟通事宜。文武官员沟通不畅，导致军队在不知道有多少核储备的情况下，盲目制定美国的核军事战略。文官控制核武器，也让军队在进行实际投掷演习时遇到困难。最致命的是，在危机发生时，文武双方无法协调一致，无法迅速有效地应对突发状况。这种状况的延续，在很大程度上促进杜鲁门政府逐渐改善了对核武器的控制，在此之后，美国开始不断调整文武官员对于原子弹的控制权。然而，随着国家安全委员会原子能特别委员会建立，特别是随着朝鲜战争爆发，军队对核武器的控制权逐步增大，而过去在核控制权方面具有代表性的原子能委员会，对核武器的控制权则逐渐被削弱。

由此可见，核武器使美国各个军种展开激烈竞争，每方都想获取更多经费，获得核武器控制权，并且在核事务上掌握绝对的话语权。但是随着空军成为独立军种，战略轰炸理论逐渐占据了战后美国军事战略的主导地位，战略空军司令部亦逐渐在军队中成为核武器的绝对主导性控制力量。

三、国家安全体系下的核安全体系建构

第二次世界大战时期，美国空军和海军关于制空权的争夺，以及日本突袭珍珠港的教训，都使美国认识到，建立战后统一的军事指挥系统是非常必要的。与此同时，战略空军迅速发展，原子弹和现代导弹开始出现，这些都让美国感到有责任建立一个永久的国家安全体系，为美国可能遭到的突袭危险持续做好准备。第二次世界大战后，美国经历了一场"官僚机构的革命"。① 1947 年，《国家安全法》出台，堪称这场革命的开端。随着《国家安全法》出台，美国建立了一系列现代国家安全机器，包括国防部、国家安全委员会、中央情报局等。此后，美国将核武器的管理，也纳入新的国家机构管理体系中，进一步完善了《1946年原子能法》所设立的管理机构，将原子能管理逐渐细化。国家安全资源委员会负责裂变材料的管理，军火委员会负责原子弹的管理，研究和发展委员会负责核武器的研发，中央情报局则负责核信息保密。《国家安全法》将《1946 年原子能法》所做的关于核武器的管理规定，实际上更加细致化、具体化，这也说明核安全体系已经成为国家安全体系的一个重要组成部分。

---

① 托马斯·G. 帕特森、J. 加里·克利福德、肯尼斯·J. 哈根：《美国外交政策》，李庆余译，中国社会科学出版社，1989 年，第 585 页。

四、冷战与美国核安全体系演进

纵观核安全体系的建构过程，每一个阶段都与冷战进程紧密相连，尤其是杜鲁门时期核安全体系的构建，更是与早期冷战进程相吻合。一位美国学者指出，自轰炸广岛以来，外交上的每一次交锋都笼罩着原子能的魔影。①

1945—1949 年既是核安全体系的初创时期，又是美苏两国走向冷战的关键时期。在这一时期，美苏双方在东欧问题、德国问题上都产生严重分歧，而凯南的"长电报"出炉，则更是加深了美国对苏联威胁的恐惧感。美国想要依赖核武器，以此追求国家的安全感，就必然想对核武器实现完全控制，此举导致美苏在核武器控制上陷入全面对抗。进言之，美苏对抗的加剧与升级，直接体现为《1946 年原子能法》获得通过，这标志着美国在原子能领域走向绝对垄断。与此同时，在国际控制上，美国提出"巴鲁克计划"，亦着眼于对原子能实施绝对垄断。美苏对抗逐渐升级，这使美国在与其国家安全息息相关的原子能控制权问题上，走向了极端化，并且走上与苏联全面对抗的道路。反之，也正是因为美国推行绝对化的核垄断政策，进一步恶化了美苏双边关系，也让苏联走上发展原子武器的道路。

1947 年 2 月，因为英国无法继续承担对希腊的占领，遂将其对希腊的管辖权交给了美国。美国国务院认为，如果希腊落入共产主义手中，整个中近东地区以及部分北非地区就会处于苏联的影响下。3 月，杜鲁门要求议会批准一项向希腊和土耳其提供援助的法案，30 亿美元

---

① Walter LaFeber, *America, Russia and the Cold War*: 1945—1992, New York : McGraw-Hill, 1993, p. 41.

援助希腊，10 亿美元援助土耳其，支持两国抗衡共产主义的威胁。4月，杜鲁门主义出台，标志冷战正式开始。1947 年，根据《1946 年原子能法》，美国建立了一系列原子能管理机制，并且在原子能委员会的带领下，开始恢复原子弹生产。1948 年，捷克斯洛伐克发生政变，东德爆发了"柏林危机"，让美国进一步发展了核武器使用战略，制订了一系列针对苏联的空中打击计划。美国的目标非常明确，就是要使自己的安全体系更加适应于不断恶化的冷战局势，让原子打击更具灵活性。"柏林危机"爆发后，让美国看到了其在核武器使用决策上极不协调，美国在客观上需要进一步完善其核安全管理机制，在国家安全委员会下设立原子能特别委员会，专门负责核武器的使用决策。1949 年，苏联的原子弹试验成功，促使美国做出发展氢弹的决定，让美国不断深化有关核武器的技术、信息以及管理机制。在冷战中，每一次危机的爆发，都伴随着美国核安全政策不断得到调整，持续走向完善。其结果就是，美国的核安全体系变得越来越能适应冷战形势发展的需要，特别是适应美苏对抗的需要，愈加符合美国国家安全利益的需要。

1950 年，朝鲜战争爆发，这一事件成为早期国际冷战斗争的高潮，也促成美国的核安全体系出现巨大转变。朝鲜战争对美国安全政策的冲击，主要体现在这样几个方面：第一，战后美国的国家安全一直依赖核武器，美国一直想通过核威慑来制止战争。然而，朝鲜战争爆发，使美国的这一想法宣告破产。单纯依靠核武器，并不能制止战争爆发。第二，随着核安全体系逐步完善，美国军队制订了一系列空中核打击方案。但是在朝鲜战争中，美国并没有使用原子弹。因为他们找不到适合原子弹打击的目标，并且也因为担心如果使用原子弹，可能会导致全面战争爆发。朝鲜战争暴露了原子弹在区域性战争中存在严重缺点，因为其巨大的危害力，反而使其不适用所有类型的战争，这也意味着美国想要单纯依靠核打击实现战争胜利的想法破产。第三，战争让美国重新审视其安保范围。欧洲一直被美国认为是其传统的安全范围，在冷战之初，美国认为，维持欧洲的安全至关重要。因此，美国利用"马歇尔计划"对欧洲进行经济援助，同时成立北约组织，切实保卫欧洲的安全。然而，东亚安全一直不是美国的战略重点，在朝鲜战争爆发前，美国的防卫政策体现出"重点防御"的特点。但是朝鲜战争爆发后，则充分暴露了美国在欧洲以外地区防卫的弱点。美国开始转变其"重点防御"战略，转向实施"周线防御"。上述三个重大改变，开始让美国重新认识核武器的战略作用。美国在力争保持核优势的同时，也开始重新发展常规军事力量。在战争结束后不久，美国遂与日本、韩国、中国台湾、菲律宾、澳大利亚和新西兰等国家和地区，签订了共同安全条约。

第二节　美国核安全体系的特点及影响

1939—1952 年，是美国由战争走向和平的过渡时期，也是其核安全体系的初步形成时期。

美国确立了以核保密为核心的核安全政策。早在"曼哈顿工程"时期，美国就实行了严密的安保措施，防止核机密的泄露。为了快速制造出核武器，美国与英国结成了战时原子同盟。《魁北克协议》的签订，不仅进一步强化了美英原子同盟关系，而且将战时的核保密政策确定下来。值得注意的是，战时的核保密政策并不针对英国，美英在这段时间享有充分的信息交换。此时的核保密政策，是针对美英同盟以外的一切国家。面对法国想要合作的要求，美国出于安全考虑也没有同意。在第二次世界大战结束后，美国想要维护核武器的垄断地位，同时克劳斯间谍案的爆发显示了战时英美亲密无间的核合作所带来的最严重的"恶果"——核秘密泄露给苏联，因此美国走向了抛弃所有盟友、绝对核保密的道路。《1946 年原子能法》的出台，让核保密政策有了法律保障，根据这部法律美国关闭了与任何国家进行核合作的大门。但是美国绝对核保密的政策维持时间并不长，很快美国就出于继续发展核武器的需要，不得不在全球范围内寻找核材料。从 1947 年夏天开始，美国逐渐地放宽核保密标准，并以此为条件恢复与英国的核合作。1949 年 8 月，苏联核弹的爆炸打破了美国的核垄断，美国想联合其他国家共同对抗苏联的想法越发迫切。在现实的需求下，美国进一步放宽了核保密政策，其结果就是 1951 年 10 月《1946 年原子能法》修正案的提出。美国开始允许与其他国家交换一定的核信息，以此来换取与更多盟国更高水平的核武器合作。但这并不代表美国已经完全放弃了核保密政策，只是美国为了保持相对于苏联的核优势，由绝对核保密政策转向了有限核保密政策。

　　美国初步建立了维护核安全的国家机制。首先，《1946 年原子能法》《1947 年国家安全法》的相继推出，为维护核安全奠定了法律基础。《1946 年原子能法》让美国后来所施行的限制核信息交流、垄断核材料做法有了合法性源泉。两院原子能联合委员会的成立，标志着形成了专门针对原子能的立法机关。其次，形成了以总统—国家安全委员会原子能特别委员会为核心的最高决策指挥机制。《1946 年原子能法》确立了总统对原子能的最高决策权。《1947 年国家安全法》出台后成立的国家安全委员会成了国家安全政策的最高决策机构。在苏联核试验成功以前，核武器决策与其他涉及最高国家安全的事宜一样，都由总统和国家安全委员会商议做出。苏联打破了美国的核垄断之后，核安全的重要性又进一步凸显出来，美国在国家安全委员会中又单独成立了原子能特别委员会，专门进行与核安全相关的最高决策。原子能特别委员会的成立，也说明核安全已经成为美国国家安全中的重中之重。最后，建立了全面的核安全执行保障机制。国防部、中央情报局、国家安全资源委员会、科学研究与发展委员会、军火委员会等诸多职能部门的成立，细化了核安全管理。将原子能研究、核材料管理、核武器生产、核武器管理划分给不同的职能部门，明细职责让核安全管理更加系统化和规范化，也更进一步确保了核安全。

美国形成了采取军防、民防两种手段，建立国内、国际两条阵线的方式维护核安全的措施。核安全措施与核安全所面临的环境紧密相关。在第二次世界大战结束后至苏联第一颗原子弹试爆成功以前，美国处于绝对的"核安全"状态。在这样的环境下，美国寻求以维护核垄断的方式确保核安全。具体表现在，军事上继续发展核武器，制定与核武器相关的军事战略。"砂岩"实验让美国进一步提高了核武器技术，使大规模地制造原子弹成为可能。NSC7号文件首次提出要保持美国在原子武器上的绝对优势。随着冷战的深入发展，美国的核军事战略也逐步成熟。NSC30号文件确立了国家安全对于原子弹的绝对依赖，继续重申了一旦发生危机，国家可以使用包括核武器在内的一切手段维护国家安全。除了提高自身核能力以外，这一时期，美国还试图在国际上实现对核武器的绝对控制，防止其他国家发展核武器。美国积极促进联合国原子能委员会的成立，试图将其变为维护自身核垄断的工具。美国提出

"巴鲁克计划",旨在巩固自身的垄断地位,遏制其他国家发展核武器。但是,无论是联合国原子能委员会的成立,还是"巴鲁克计划"的提出,都属于美国在国际上寻求核安全的一种尝试,还没有在广泛的国际范围内建立起维护核安全的阵线。1949 年 8 月,苏联核试验成功以后,美国"绝对安全"的环境被破坏,核安全的内容进一步扩展,维护本土安全成为迫切需要解决的事情。这一阶段的重要特点是美国不仅在军事上加快核武器的建设速度,更开始着手建立国家民防体系。核安全已经从军防手段向民防手段扩展,从军队维护核安全到全民防御核安全延伸。美国通过创立民防体系,开展民防宣传,进行民防训练,在国内构建起全民防御核安全的阵线。朝鲜战争爆发后,美国开始加大对欧洲的驻兵,将核打击写入北约军事战略。同时在世界范围内广泛建立军事基地,与多个国家结成安全同盟,逐步在全球构建起维护核安全的阵线。

以核保密为核心的核安全政策是狭隘民族主义的表现。美国政府忽视了核科学知识的客观存在,一厢情愿地认为"保密"是维持垄断的最佳方式,然而这种违背客观规律的做法不可能使其收到理想的结果。苏联用 4 年时间打破了美国的核垄断,显示"核保密"政策的失败。核保密也招致了美国最重要盟友——英国的不满,迫使英国走向了独立发展核武器的道路。1952 年 10 月,英国第一颗原子弹爆炸成功,值得注意的是,英国并没有邀请美国参观这次试验,这也意味着美国"核保密"政策的彻底破产。

这一时期所建立的核安全制度,呈现出核武器决策权归总统,管理权归文官,使用权归军队的特点。在罗斯福时期,总统几乎拥有关于原子弹决策和管理的一切权力。总统拥有关于原子能的最高决策权。原子弹须经总统批准方许使用,只有总统才能决定应当制造哪种性能的原子弹，只有总统才能决定是否应进行原子弹爆炸，只有总统才能批准原子弹运输或储藏的地点和时间，甚至连生产原子弹和原子弹原料的年产量都由总统决定。罗斯福很多关于原子政策的决定都没有与任何官员商议。杜鲁门时期，虽然建立了一系列核安全管理机制，细化了核安全管理责任，但是无论管理机构是怎样的，总统对于原子弹的最高决策权始终没有改变。虽然文官管理核武器，军队使用核武器的管理机制引起了诸多困难，但是总统对原子弹的绝对控制，文官对原子弹的管理，最大化地保证了原子弹的使用安全，防止了原子弹的滥用，这个传统也一直保存下来。

美国所采取的核安全措施展现出从单一性向全面性转变的特点。在国内层面，由单一地以军事手段维护核安全向军防、民防共同维护核安全演变。在国际层面，由单一地建立协商机制向全球范围内缔结安全同盟，共筑核防护网络发展。通过实施民防计划而建构的国内核安全阵线，有效地对国内基层社会进行了动员，创造了有利于美国进一步实施冷战计划的国内氛围，为其建立国际核安全阵线奠定了国内基础。而国际核安全阵线的建构，也进一步保障了国内安全。

从 1939 年到 1952 年间，美国核安全体系建构中所采取的手段、确立的原则也深深地影响了此后美国的核安全实践。首先，开了用国际协商机制实现原子能国际控制的先河。美国在联合国下成立原子能委员会的目的，是为自身垄断核武器的需要，想让其成为实现美国单独控制国际原子能的工具，这必然会遭到其他国家的反对，原子能委员会在后期也形同虚设。但是在核扩散不可避免地发生之后，核国家们又开始了通过国际协商实现原子能控制的进一步尝试。国际协商至今都是防止核扩散、实现核安全的重要手段。其次，将核武器作为遏制工具的手段形成了核威慑的雏形，此后核威慑成了美国贯穿冷战的核战略。在美国单独垄断核武器的时期，其凭借手中的核优势，在外交场合频频挥舞原子弹，对苏联、中国等国家施加压力，使核武器成为美国推行遏制政策的重要工具。艾森豪威尔担任总统之后，明确提出了威慑战略，实际上这是对此前实行的核遏制手段的继承和总结。核武器始终是美国各种战略手段中"最具威慑力的最后手段"，是美国国家安全战略和军事战略的重要手段和后盾。① 最后，基本确立了在危机中不使用核武器的原则。虽然人们常常声称，武器一旦被制造出来，总能找到使用的机会，但是这似乎并不适用于核武器。战后，美国军方制定的一系列军事战略中，都写入核武器的使用。无论是 NSC30 号文件，还是 NSC68 号文件都确定了可以在战争中使用原子武器的原则。美国也并非没有使用核武器的机会。但是在柏林危机期间，杜鲁门只是将可以运送原子弹的 B29 型轰炸机运送到英国，而并没有要进行原子轰炸；朝鲜战争时期，杜鲁门也没有做出使用原子弹的决定。杜鲁门始终承认核武器的特殊性，"当人们以为这不过是另一种炸弹时，他们犯了一个非常严重的错误"。② 在以后几代的中短程和洲际弹道导弹的发展中，它们的制造、部署以及最终销毁都未曾离开过发射场。"胖子"摧毁长崎以来，约有 7 万枚核武器被制造出来，但却没有一个处于军事目的使用过。③ 这说明美国已逐渐地建立了不使用核武器的传统，即使它是第一个使用过核武器的国家。

1939 年到 1952 年，美国的核武器经历了从无到有的发展历程，美

---

① 王缉思、牛军主编：《缔造霸权：冷战时期的美国战略与决策》，上海人民出版社，2013 年，第 107 页。

② 加迪斯：《长和平：冷战史考察》，上海人民出版社，2011 年，第 143 页。

③ 同上，第 140 页。

国的核安全管理也从战时的临时管理措施逐渐发展成为机制完备的管理体系，美国的核安全体系基本形成。深入探究早期美国核安全体系的形成过程，有助于我们更好地了解冷战中美国的核安全战略，也有助于我们进一步认清现实中核武器所带来的安全困境，进而探索解决方式。

参考文献

● 中文部分

一、专著

1. 崔磊：《盟国与冷战时期美国核战略》，世界知识出版社，2013年。

2. 樊吉社：《美国军控政策中的政党政治》，社会科学文献出版社，2014年。

3. 侯锐：《美国战略核导弹发展与控制研究1945—1980——兼论美苏核安全关系变化与冷战进程》，辽宁大学出版社，2011年。

4. 姜振飞：《美国约翰逊政府与国际核不扩散体制》，中国社会科学出版社，2008年。

5. 刘金质：《冷战史》，世界知识出版社，2003年。

6. 滕建群：《美国防扩散与反扩散政策研究》，军事谊文出版社，2011年。

7. 王帆、卢静主编：《国际安全概论》，世界知识出版社，2010年。

8. 王缉思、牛军主编：《缔造霸权：冷战时期的美国战略与决策》，上海人民出版社，2013 年。

9. 王仲春：《核武器核国家核战略》，时事出版社，2007 年。

10. 夏立平：《冷战后美国核战略与国际核不扩散机制》，时事出版社，2013 年。

11. 许海云：《北约简史》，中国人民大学出版社，2005 年。

12. 詹欣：《冷战与美国核战略》，九州出版社，2013 年。

13. 赵恒：《核不扩散机制历史与理论》，世界知识出版社，2009 年。

14. 朱立群：《国际防扩散体系：中国与美国》，世界知识出版社，2011 年。

15. 朱明权：《国际安全与军备控制》，上海人民出版社，2011 年。

16. 朱明权、吴莼思、苏长和：《威慑与稳定——中美核关系》，时事出版社，2005 年。

17. 资中筠：《战后美国外交史——从杜鲁门到里根》，世界知识出版社，1994 年。

二、译著

1. ［美］彼得·帕雷特主编：《现代战略的缔造者：从马基雅维利到核时代》，时殷弘等译，世界知识出版社，2006 年。

2. ［美］詹姆斯·多尔蒂、小罗伯特·普法尔茨格拉夫：《争论中的国际关系理论》，阎学通、陈寒溪等译，世界知识出版社，2003 年。

3. ［美］小约瑟夫·奈：《理解国际冲突：理论与历史》，张小明译，上海人民出版社，2009 年。

4. ［美］理查德·罗兹：《原子弹出世记》，世界知识出版社，1990 年。

5. ［美］阿伦·米利特、彼得·马斯洛斯金：《美国军事史》，军事科学院外国军事研究部译，军事科学出版社，1989 年。

6. ［美］麦乔治·邦迪：《美国核战略》，褚广友等译，世界知识出版社，1991 年。

7. ［美］约翰·纽豪斯：《核时代的战争与和平》，军事科学院外国军事研究部译，军事科学出版社，1989 年。

8. ［英］劳伦斯·弗里德曼：《核战略的演变》，黄钟青译，中国社会科学出版社，1990 年。

9. ［美］迪安·艾奇逊：《艾奇逊回忆录》，上海译文出版社，1978 年。

10. ［美］哈里·杜鲁门：《杜鲁门回忆录》，东方出版社，2007 年。

11. ［美］亨利·基辛格：《核武器与对外政策》，世界知识出版社，1963 年。

12. ［美］莱斯利·R. 格罗夫斯：《现在可以说了——美国制造首批原子弹的故事》，原子能出版社，1991 年。

13. ［美］玛莎·芬尼莫尔：《干涉的目的：武力使用信念的变化》，袁正清、李欣译，上海人民出版社，2009 年。

14. ［美］萨根：《核武器的扩散：一场是非之辩》，赵品宇译，上海人民出版社，2012 年。

15. ［美］托马斯·谢林：《军备及其影响》，上海人民出版社，2011 年。

16. ［美］托马斯·G. 帕特森、J. 加里·克利福德、肯尼斯·J.

哈根：《美国外交政策》，李庆余译，中国社会科学出版社，1989 年。

17. ［美］沃尔特·拉费伯尔：《美国、俄国和冷战》，牛可、翟韬、张静译，世界图书出版公司，2011 年。

18. ［美］亚历山大·温特：《国际政治的社会理论》，秦亚青译，上海人民出版社，2014 年。

19. ［美］约翰·刘易斯·加迪斯：《长和平冷战史考察》，潘亚玲译，上海人民出版社，2011 年。

20. ［美］约翰·刘易斯·加迪斯：《遏制战略：战后美国国家安全政策评析》，时殷弘、李庆四、樊吉社译，世界知识出版社，2005 年。

21. ［美］拉塞尔·F. 威格利：《美国军事战略与政策史》，解放军出版社，1986 年。

22. ［英］巴瑞·布赞：《新安全论》，朱宁译，浙江人民出版社，2003 年。

三、期刊论文

1. 戴超武：《美国结束太平洋战争的战略与原子弹的使用》，《世界历史》，1995 年 8 月。

2. 牛可：《美国"国家安全国家"的创生》，《史学月刊》，2010 年第 1 期。

3. 夏立平：《论国际核安全体系的构建与巩固》，《现代国际关系》，2012 年第 10 期。

4. 夏立平：《论美国反核扩散战略与防核扩散政策》，《国际问题研究》，2008 年 1 月。

5. 赵学功：《核武器与美苏冷战》，《浙江学刊》，2006 年第 3 期。

6. 赵学功：《核武器与美国对朝鲜战争的政策》，《历史研究》，2006 年 2 月。

7. 赵学功：《简论冷战时期美国核战略思想的演变》，《世界近现代史研究》，2013 年 9 月。

8. 赵学功：《美国对苏联首次核试验的反应》，《历史教学（下半月刊）》，2010 年 5 月。

● 英文部分

一、政府档案及文件

DNSA（Digital Ntional Security Archive）：

https：//vpn2. nlc. gov. cn/prx/000/http/nsarchive. chadwyck. com/home. do.

1. Intelligence Comminity

2. National Security Agency：Organization and Operations，1945—2009

3. Nuclear Non-Proliferation

4. Presidential Directive I, II

5. U. S. Espionage and Intelligence

6. U. S. Nuclear History

7. Weapons of Mass Destruction

FRUS（Foreign Relations of Unite States）：

http：//uwdc. library. wisc. edu/collections/FRUS.

1. 1945，Vol. I, Acquisition of Materials for Use in the Development of

the Atomic Bomb; Efforts to Establish a System of International Control of A-tomic Energy.

2. 1946, Vol. I, United States Policy at the United Nations With Respect to the Regulation of Armaments and Collective Security.

3. 1946, Vol. I, Foreign Policy Aspects of United States Development of Atomic Energy.

4. 1946, Vol. I, United States National Security Policy.

5. 1947, Vol. I, Foreign Policy Aspects of United States Development of Atomic Energy.

6. 1947, Vol. I, United States Policy at the United Nations With Respect to the Regulation of Armaments and Collective Security.

7. 1948, Vol. I, United States National Security Policy.

8. 1948, Vol. I, Foreign Policy Aspects of United States Development of Atomic Energy.

9. 1948, Vol. I, United States Policy at the United Nations with Respect to the Regulation of Armaments and Collective Security.

10. 1949, Vol. I, Foreign Policy Aspects of United States Development of Atomic Energy.

11. 1949, Vol. I, United States National Security Policy.

12. 1949, Vol. I, United States Policy at the United Nations with Respect to the Regulation of Armaments and Collective Security.

13. 1950, Vol. I, United States National Security Policy.

14. 1950, Vol. I, Foreign Policy Aspects of United States Development

of Atomic Energy.

15. 1950, Vol. I, United States Policy at the United Nations with Respect to the Regulation of Armaments and Collective Security.

16. 1951, Vol. I, Foreign Policy Aspects of United States Development of Atomic Energy.

17. 1951, Vol. I, United States National Security Policy.

18. 1952—1954, Vol. 16, Geneva Conference.

美国国会文献集（U. S. Congressional Serial Set）：

https：//vpn2. nlc. gov. cn/prx/000/http/infoweb. newsbank. com/iw-search/we/Homepage? p_ action = doc&p_ theme = current&p_ nbid = Q6BH51YNMTQyNzYwNTQzOC43NDM4Nzg6MToxMToyMDIuOTYuMzEuOQ.

1. Atomic bomb

2. Nuclear warfare

3. Nuclear warship

4. Nuclear weapons

5. Nuclear weapons plants

6. Nuclear weapons tests

政府文件汇编：

Documentary History of the Franklin D. Roosevelt Presidency

Vol. 43, The Atomic Bomb, Development and Diplomacy

Documentary History of the Truman Presidency

1. Vol. 1, The Decision to Drop the Atomic Bomb on Japan.

2. Vol. 7, The Ideological Foundation of the Cold War—the Long Tele-

gram, the Clifford Report and the NSC68.

3. Vol. 10, The Truman's Fight to Unify the Armed Services 1945—1949.

4. Vol. 21, The Development of an Atomic Weapons Program Following World War II.

5. Vol. 23, The Central Intelligence Agency: Its Founding and the Dispute over its Mission 1945—1954

6. Vol. 26, Preparing to Survive Atomic Attack: the Truman Administration's Civil Defense Program.

Documentary History of the Dwight D. Eisenhower Presidency:

1. Vol. 2, President Eisenhower, Collective Security, and the Eisenhower Doctrine: The Baghdad Pact, 1953.

2. Vol. 3, President Eisenhower, Operation Candor, and the Atoms for Peace Speech, April1953-May 1954.

二、专著

1. Bacevich, Andrew J. (edited), *The Long War: A New History of U. S. National Security Policy Since World War II*, Columbia University Press, 2007.

2. Beatrice, Heuser, *NATO, Britain, France, and the FRG: Nuclear strategy and Forces for Europe*, 1949—2000, London: Macmillan Press, 1997.

3. Born, Hans and Bates Gill and Heiner Hanggi (edited), *Governing the Bomb: Civilian Control and Democratic Accountability of Nuclear Weapons*,

Oxford University Press, 2010.

4. Botti, Timothy J., *The Long Wait: The Forging of the Anglo-American Nucler Alliance*, 1945—1958, Westport: Greenwood Press, 1987.

5. Botti, Timothy J., *Ace in the Hole: Why United States Did Not Use Nuclear Weapons in the Cold War*, 1945—1965, Greenwood Press, 1996.

6. Bundy, McGeorge, *Danger and Survival: Choices About the Bomb in the First Fifty Years*, Vintage Books, A Division of Random House, INC, New York, 1990.

7. Chuck, Hansen, *U. S. Nuclear Weapons: the Secret History*, Aerofax, 1988.

8. Cimbala, Stephen J., *Nuclear War and Nuclear Strategy*, Greenwood Press, 1987.

9. Cimbala, Stephen J., *Nuclear Strategizing: Deterrence and Reality*, Praeger 1988.

10. Cimbala, Stephen J., *Mysteries of the Cold War*, Ashgate Publishing Company, 1999.

11. Craig, Campbell and Sergey Radchenko, *The Aomic Bomb and the Origins of the Cold War*, Yale University Press, 2008.

12. Dale, Carter and Robin Clifton, *War and Cold War in American Foreign Policy* 1942—1962, Palgrave, 2001.

13. Davis, Tracy C., *Stages of Emergency: Cold War Nuclear Civil Defense*, Duke University Press, 2007.

14. Ferrell, Robert H. (edited), *Off the Record the Private Papers of*

Harry S. Truman, Harper & Row, 1980.

15. Gaddis, John Lewis, *We Now Know: Rethinking Cold War History*, Clarendon Press, Oxford, 1997.

16. Goodby, James E., *At the Borderline of Armageddon: How American Presidents Managed the Atom Bomb*, Rowman & Littlefield Publishers, 2006.

17. Goodman, Michael S., *Spying on the Nuclear Bear: Anglo-American Intelligence and the Soviet Bomb*, Stanford University Press, 2007.

18. Herken, Gregg, *Cardinal Choices : Presidential Science Advising from the Atomic Bomb to SDI*, Stanford University Press, 2000.

19. Herken, Gregg, *The Winning Weapon: The Atomic Bomb in the Cold War1945-1950*, Princeton University Press, 2014.

20. Hewlett, Richard G., Oscar E. Anderson, *The New World: A History of the United States Atomic Energy Commission*, VOL. 1 1939—1946, Washington D. C.: U. S. Atomic Energy Commission, 1972.

21. Hewlett, Richard G., Oscar E. Anderson, *Atomic Shield: A History of the United States Atomic Energy Commission*, Vol. II 1947—1952, University of California Press, 1990.

22. Hogan, Michael J. (edited), *The End of the Cold War: Its Meaning and Implications*, Cambridge University Press, 1992.

23. Hogan, Michael J., *A Cross of Iron: Harry S. Truman and the Origins of the National Security State 1945—1954*, Cambridge University Press, 1998.

24. Hogan, Michael J. (edited), *The Ambiguous Legacy: U. S. Foreign*

Relations in the "*American Century*", Cambridge University Press, 1999.

25. Hogan, Michael J., Thomas G. Paterson (edited), *Explaining the History of American Foreign Relations*, Cambridge University Press, 2004.

26. Hughes, Jeff, *The Manhattan Project: Big Science and the Atom Bomb*, Icon Books, 2002.

27. Ifestos, Panayiotis, *Nuclear Strategy and European Securiy Dilemmas: Towards an Autonomous European Defence System?* Avebury, 1988.

28. Kolko, Gabriel, *the Politics of War: the World and United States Foreign Policy* 1943—1945, Pantheon Books, 1968.

29. Leffler, Melvyn P., *A Preponderance of Power: National Security, the Truman Administration, and the Cold War*, Stanford University Press, 1992.

30. May, Ernest R. (edited), *American Cold War Strategy: Interpreting NSC 68*, St. Martin's Press, 1993.

31. Mccullough, David, *Truman*, New York: Simon & Schuster Paperbacks, 1992.

32. Miscamble, Wilson D., C. S. C., *From Roosevelt to Truman: Posdam, Hiroshima, and the Cold War*, Cambridge University Press, 2007.

33. Miscamble, Wilson D., *C. S. C., The Most Controversial Decision: Truman, the Atomic Bombs, and the Defeat of Japan*, Cambridge University Press, 2011.

34. Nitze, Paul H., *From Hiroshima to Glasnost: At the Center of Decision, A Memoir Paul H. Nitze*, New York: Grove Weidenfeld, 1989.

35. Oakes, Guy, *the Imaginary War: Civil Defense and American Cold War Culture*, Oxford University Press, 1994.

36. Ojserkis, Raymond P., *Beginnings of the Cold War Arms Race: the Truman Administration and the U. S. Arms Build-Up*, Praeger, 2003.

37. Pach, Chester J., *Arming the Free World: The Origins of the United States Military Assistance Program*, 1945—1950, The University of North Carolina Press, 1991.

38. Paterson, Tomas G., *The Origins of the Cold War*, D. C. Health and Company, 1974.

39. Paul, Septimus H., *Nuclear Rivals: Anglo - American Atomic Relations* 1941—1952, Ohio State University Press, 2000.

40. Rearden, Steven L, *the Evolution of American Strategic Doctrine: Paul H. Nitze and the Soviet Challenge*, Westview Press, 1984.

41. Rhodri, David Stafford., Jeffreys Jones (edited), *American - British - Canadian Intelligence Relations* 1939—2000, Frand Cass Publishers, 2000.

42. Richelson, Jeffrey T., *Spying on the Bomb: American Nuclear Intelligence from Nazi Germany to Iron and North Korea*, W. W. Norton & Company, 2006.

43. Schwartzman, David, *Games of Chicken: Four Decades of U. S. Nuclear Policy*, New York: Praeger, 1988.

44. Sherwin, Martin J., *A World Destroyed: Hiroshima and Its Legacies*, Stanford University Press, 2003.

45. Sylves, Richard T., *The Nuclear Oracles: A Political History of the General Advisory Committee of the Atomic Energy Commission 1947—1977*, Iowa State University Press, 1987.

46. Trachtenberg, Marc (edited), *Between Emipire and Alliance : America and Europe during the Cold War*, Roman & Littlefield Publishers, 2003.

47. Williamson, Samuel R. and Steven L. Rearden, *The Origins of U. S. Nuclear Strategy* 1945—1953, New York: St. Marin's, 1993.

48. Yergin, Daneil, *Shattered Peace: The Origins of the Cold War and the National Security State*, Boston: Houghton Mifflin Company, 1977.

三、期刊论文

1. Beatrice, Heuser, "The Development of NATO's Nuclear Strategy", *Contemporary European History*, Vol. 4, No. 1 (Mar., 1995), pp. 37-66.

2. Bernstein, Barton J., "Roosevelt, Truman, and the Atomic Bomb, 1941—1945: A Reinterpretation", *Political Science Quarterly*, Vol. 90, No. 1 (Spring, 1975), pp. 23-69.

3. Bernstein, Barton J., "The Quest for Security: American Foreign Policy and International Control of Atomic Energy 1942—1946", *The Journal of American History*, Vol. 60, No. 4 (Mar., 1974), pp. 1003-1044.

4. Bernstein, Barton J., "The Uneasy Alliance: Roosevelt, Churchill, and the Atomic Bomb 1940—1945", *The Western Political Quarterly*, Vol. 29, No. 2 (Jun., 1976), pp. 202-230.

5. Bernstein, Barton J., "Truman and the A-Bomb: Targeting Noncombatants, Using the Bomb, and His Defending the Decision", *The Journal of*

Military History, Vol. 62, No. 3 (Jul., 1998), pp. 547-570.

6. Clarke, Lee, "The Origins of Nuclear Power: A Case of Institutional Conflict", *Social Problems*, Vol. 32, No. 5 (Jun., 1985), pp. 474-487.

7. Cooling, Franklin B., "Civil Defense and the Army: The Quest for Responsibility 1946—1948", *Military Affairs*, Vol. 36, No. 1 (Feb., 1972), pp. 11-14.

8. Herken, Gregg, "A Most Deadly Illusion: The Atomic Secret and American Nuclear Weapons Policy 1945—1950", *Pacific Historical Review*, Vol. 49, No. 1 (Feb., 1980), pp. 51-76.

9. Johnson, Franklyn A., "The Military and the Cold War", *Military Affairs*, Vol. 20, No. 1 (Spring, 1956), pp. 35-39.

10. Miller, Arthur S. and H. Bart Cox, "Congress, the Constitution, and First Use of Nuclear Weapons", *The Review of Politics*, Vol. 48, No. 3 (Summer, 1986), pp. 424-455.

11. Miller, Byron S., "A Law Is Passed: The Atomic Energy Act of 1946", *The University of Chicago Law Review*, Vol. 15, No. 4 (Summer, 1948), pp. 799-821.

12. Rosenberg, David Alan, "American Atomic Strategy and the Hydrogen Bomb Decision", *The Journal of American History*, Vol. 66, No. 1 (Jun., 1979), pp. 62-87.

13. Rosenberg, David Alan, "The Origins of Overkill: Nuclear Weapons and American Strategy 1945—1960", *International Security*, Vol. 7, No. 4 (Spring, 1983), pp. 3-71.

14. Sherwin, Martin J., "The Atomic Bomb and the Origins of the Cold War: U. S. Atomic-Energy Policy and Diplomacy 1941—1945", *The American Historical Review*, Vol. 78, No. 4 (Oct., 1973), pp. 945–968.